위기를 기회로
아이디어를 재생하라!

창의성의 메타인지 학습법

TRIZ하다

송창룡

도서출판
청람

| 머리말 |

위기를 기회로 아이디어를 재생하라

2020년부터 시작된 코로나 팬데믹(Pandemic)은 많은 사람들에게 이전에 겪어보지 못한 충격을 주었다. 개인은 물론 중소기업, 대기업 심지어 국가도 하루하루 버텨내기가 버거웠다. 이런 위기를 어떻게 대응하느냐에 따라 결과는 달라졌다. 우리나라는 드라이브스루(Drive-through) 검사를 세계에서 처음으로 도입해 코로나 위기를 슬기롭게 극복하였다. 전혀 엉뚱한 것을 연결한 창의적인 발상이 위기를 기회로 전환하도록 도왔다. 이로 인해 K-문화에 이어 K-의료가 한국의 위상을 한 단계 높였다.

어떤 마케팅 연구자들은 자원이 부족한 위기의 상황이 창의성을 증대시킨다고 주장했다.[1] 한 실험에서 95명의 실험 참가자를 3개의 그룹으로 나누고, 동일한 조립식 장난감으로 얼마나 창의적인 장난감을 만드는지 검증했다. 첫 번째 그룹은 곧바로 장난감을 주었고, 두 번째 그룹은 풍족한 환경에서 자란 이야기를 에세이로 쓰게 한 후 장난감을 주었고, 세 번째 그룹은 부족한 환경에서 자란 이야기를 쓰게 한 후 장난감을 주었다. 그 결과, 세 번째 그룹이 첫 번째와 두 번째 그룹보다 창의성이 높게 나타났다. 이는 부족한 성장 환경에 대한 경험이 풍족한 환경이나 아무 경험이 없는 경우보다 창의성이 발휘될 가능성이 높다는 것을 의미한다. 왜 자원이 부족한 상황이 창의적인 아이디어를 생각해내게 할까? 일반적으로 인지적 구두쇠인 두뇌는 에너지를 가장 적게 쓰

---

1) "Creating When You Have Less: The Impact of Resource Scarcity on Product Use Creativity", Ravi Mehta, Meng Zhu, *Journal of Consumer Research*, Vol.42, Issue 5, 2016, pp.767~782

려고 한다. 문제를 해결할 때 첫 번째와 두 번째 그룹처럼 저항이 가장 적은 방법을 떠올린다. 그러나 창의적인 아이디어는 세 번째 그룹처럼 인지적 저항을 극복하는 데서 발현되기 때문이다.

누구나 아이디어는 있다. 하지만 창의적인 아이디어는 드물다. 왜냐하면 창의적인 아이디어는 기존의 관념을 뛰어넘어 새로운 것을 창조해야 하기 때문이다. 예전에는 특별한 재능을 가진 사람만이 창의적인 아이디어를 만들어낸다고 생각했다. 하지만 오늘날에는 사람보다 상황 속에 창의성이 깃들어 있다고 생각한다. 트리즈(TRIZ)는 상황 속에 잠재된 창의적인 아이디어를 꺼내도록 돕는다.

'와비파커(Warby Parker)'라는 기업을 들어본 적이 있는가? 2008년 가을 4명의 와튼스쿨 학생들이 안경값이 너무 비싸다고 불만을 토로하며 온라인 판매 사업을 창업하겠다고 애덤 그랜트(Adam M. Grant) 와튼스쿨 교수를 찾아갔다. 당시 안경산업은 룩소티카(Luxottica, 이탈리아 명품 안경업체)가 시장을 장악하고 있었다. 학생들은 자포스(Zappos, 신발 온라인 판매 기업)처럼 온라인으로 판매하면 안경가격을 합리적으로 낮출 수 있어 안경산업을 혁명적으로 변화시킬 수 있다고 자신했다. 그런데 애덤 그랜트 교수는 "사람들이 온라인으로 안경을 산다는 게 상상이 가지 않는다." "모두가 재학생이라 못 미더웠다." 등 여러 가지 고정관념의 이유로 투자를 거절했다.

예비 창업자들은 시장조사를 거듭하며 자신의 아이디어를 증명하려 했지만 인터넷으로 안경을 사겠다는 사람은 거의 없었다. 점점 자신들의 아이디어에 의구심을 가졌고 창업을 포기하려고도 했다. 이들 모두가 대학 재학 중이라 창업 때문에 학업을 포기하기도 두려웠다. 그래서 여러 가능성을 시도하며 원점에서 다시 시작했다. 장기간의 고민 끝에 '홈 트라이 온(Home Try-On, 무료 착용제도)'이라는 해결안을 찾아 온라인 주문에 대한 고정관념을 깨뜨렸다. 소비자가 마음에 드는 안경을 주문해 일단 착용해보고 마음에 들지 않으면 무료로 반품함으로써 온라인 구매에 대한 부정적인 인식을 바꿨다. 이렇게 아이디어를 재생하기 시작했다.

이후 와비파커는 2010년 9월 미국 증시에 상장하여 2015년에는 기업가치가 12억 달러를 넘어서며 유니콘 기업 반열에 올라섰다. 이제 와비파커는 'D2C 모델의 시조', '미국 스타트업계의 표본', '안경업계의 넷플릭스' 등으로 불린다. 애덤 그랜트 교수는 창업 초기에 투자를 포기한 것을 일생의 실수였다고 후회했다.[2] 이런 기업도 한때 창업을 포기하려고 했던 적이 있었다.

> "더 높이 가줄게
> 내가 바랐던 세계 젤 위에
> 떨어져도 돼
> I'm antifragile antifragile
>
> 난 지금 on my way
> 갖다버려 줘 너의 fairy tale
> Now you know my name
> I'm antifragile antifragile"

최근 많은 인기를 얻고 있는 국내 5인조 걸그룹 르세라핌의 〈Antifragile〉 노래 가사의 일부이다.[3] 시련을 성장의 자양분으로 삼겠다는 내용으로 거침없이 자신만의 길을 개척하고 있다. '안티프래질(Antifragile)'이라는 말은 〈안티프래질〉의 저자인 나심 니콜라스 탈레브(Nassim Nicholas Taleb)가 만든 용어로, '충격을 받으면 깨지기 쉬운'을 의미하는 fragile의 반대 의미로 '충격을 받을수록 더 단단해지는' 뜻으로 쓰인다.

'트리즈' 첫 책인 〈Simple Service TRIZ〉가 2019년 말 출간되자마자 코로나 팬데믹이 시작되었다. 저자에게도 참으로 힘든 시기였다. 그러나 코로나 시기를 오히려 책의 완성도를 높이는 숙성의 기간으로 삼았다. 트리즈 교육을 비대

---

2) 오리지널스(*Originals*), 애덤 그랜트, 한국경제신문, 2016
3) https://www.youtube.com/watch?v=pyf8cbqyfPs

면 수업으로 진행하며 다양한 경험과 아이디어를 얻었고, 그 내용을 본 책에 담았다. 내용은 물론 책 제목도 내용에 맞게 변경하여 두 번째 책을 출간한다.

창의성의 메타인지(Meta Cognition) 학습법, 트리즈를 배우다 보면 자연스럽게 위기를 기회로 만들어줄 안티프래질 역량을 갖추게 될 것이다. 여러분도 위기를 기회로 삼고 기존에 갖고 있던 죽은 아이디어를 창의적으로 재생하여 새로운 도전을 다시 시작하길 바란다. 그런 과정에 본 책이 조금이나마 도움이 되고 트리거(Trigger)가 되었으면 한다.

2023년 9월

송창룡

| 차례 |

◉ 사전테스트 | 1

01 창의성 (Creativity)

02 트리즈 (TRIZ)

03 문제 발견

04 근본원인 분석

05 모순 분석

06 이상적 해결안 도출

사전테스트

- 트리즈를 배우기 전 현재 자신의 능력을 검증하기 위한 테스트입니다.

• 2개의 문제가 있습니다.
• 한 문제당 10분의 제한시간을 드립니다.
• 문제를 읽고 해결방안을 자세하게 기술하세요.
• 휴대폰, 인터넷 검색 등 사전조사를 하지 마시고 오롯이 자신의 능력으로 푸세요.

사전테스트

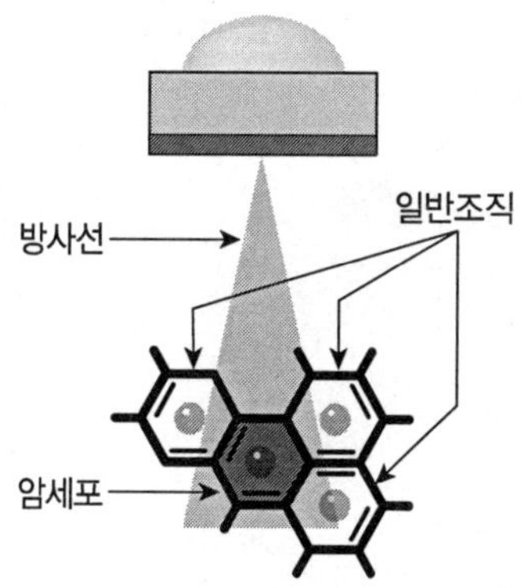

방사선 치료기로 암환자를 치료한다고 가정해보자. 이 환자는 수술이 불가능한 암을 앓고 있다. 환자를 살리는 유일한 방법은 딱 한 번 방사선을 사용하여 암을 파괴하는 것이다. 만약 강도가 센 방사선이 암에 충분히 도달한다면 암은 파괴된다. 그런데 방사선이 센 만큼 통과하는 주변의 다른 건강한 일반조직도 함께 파괴된다. 만약 일반조직을 파괴하지 않기 위해서 방사선의 강도를 낮춘다면 일반조직에 해를 미치지는 않지만 암도 파괴하지 못한다.[4] 어떻게 하면 방사선으로 일반조직은 파괴하지 않으면서 암은 파괴할 수 있을까?

풀이

4) Karl Duncker, "On problem-solving" *Psychological Monographs*, Vol.58, No.5, 1945

사전테스트

2001년 여름 습지대를 촬영 중인 한 기자가 우연히 100년 만에 호사도요(천연기념물 449호)의 모습을 발견하였다. 세계에서 몇 안 되는 일처다부제의 희귀새이다. 그런데 고민에 빠졌다. 이 사실을 알리는 것이 당연한 일이지만 과거에 희귀동물의 서식지를 알렸다가 멸종한 사례가 있기에 망설이게 했다. 기자로서 취재한 사실은 알려야 하지만 이로 인해 멸종될까봐 걱정이 된다.[5] 어떻게 하면 멸종하지 않으면서 희귀새의 존재를 알릴 수 있을까?

풀이

5) EBS 〈지식채널e〉, 딜레마

우리가 직면한 중대한 문제들은

그 문제들이 발생한 때 갖고 있던 사고방식으로는 해결할 수 없다.

– 알버트 아인슈타인 –

CHAPTER

01

창의성 (Creativity)

Chapter

< 01 >

창의성(Creativity)

1.1 창의성 개념

'창의성'과 연관된 대표적인 장면은 아르키메데스가 '유레카'라고 외치며 목욕탕을 뛰쳐나가는 모습일 것이다. 아르키메데스(BC 287~212)는 기원전 3세기경 시칠리아의 시라쿠사에서 태어난 수학자이자 물리학자이다. 어느 날 시라쿠사의 왕 히에로 2세(Hierro II)가 금세공사에게 신전에 바칠 순금 왕관을 만들라고 지시했다. 그런데 금세공사가 왕이 준 순금 중 일부를 빼돌리고 은을 섞어 만들었다는 소문이 떠돌았다. 왕은 금세공사를 불러 추궁했지만 그는 왕관의 무게가 왕이 준 순금의 무게와 똑같다며 완강히 부인했다. 그러나 여전히 왕은 금세공사를 의심했다. 왕은 아르키메데스를 불러 신전에 왕관을 바치기 전까지 왕관을 훼손하지 않고 알 수 있는 방법을 찾아내라고 명령하였다. 아르키메데스는 의식이 거행될 때까지 방법을 찾지 못하자 무척 불안했다. 어느 날 마음을 달래고자 목욕탕에 들어가다 물이 넘치는 것을 보았다. 이 순간 아이디어가 번뜩여 옷도 입지 않은 채 '유레카(Eureka)'를 외치며 거리를 활보했다. 유레카는 고대 그리스어로 '찾았다'는 뜻이다.

아르키메데스가 알아낸 것은 금과 은이 같은 무게일지라도 부피가 다르다는 부력의 원리이다. 즉 금관을 물에 담갔을 때 밀어내는 물의 양과 같은 무게의 순금을 물에 넣어 밀어내는 물의 양을 비교하면 금관이 순금으로 만들었는지 아닌지를 알아낼 수 있다. 이 역사적 사건은 우리에게 창의성에 관해 몇 가지 중요한 점을 시사한다.

1) 누가(Who) 창의적인 사람인가?

이 질문은 "창의성은 아르키메데스처럼 뛰어난 사람만이 타고난 능력인가?"라는 물음과도 같다. 창의성은 선천적인가 후천적인가에 대한 논쟁은 오래전부터 있어왔고 아직까지도 뜨겁다. 하지만 유전적 요인과 환경적 요인의 복합적인 영향을 받는 것으로 알려져 있으며, 후천적으로 창의성을 개발할 수 있다는 점도 분명하다.

인지심리학자 김경일 교수는 "창의성은 없는 것이 아니라 꺼내지 못하는 것이다."라고 말한다.[6] 그 근거로 초등학생을 대상으로 실험한 내용을 설명한다. 초등학교를 찾아가 평범한 학생들에게 여러 개의 다양한 물체를 나누어주며 "이것으로 창의적인 걸 만들어보라."라고 하면, 어떤 상황에서 어떻게 질문하느냐에 따라 결과가 판이하게 달라졌다고 한다.[7]

A반에서는 "앞에 있는 물체 중 각자 마음에 드는 것 5개를 골라 새로운 걸 만들어보세요."라고 말했다. 학생들은 대부분 직육면체 같은 일반적인 형태의 물체를 골랐다. 특이한 물체를 집는다면 뭔가 만들기가 부담스럽기 때문이었다. 만든 물건 역시 대부분 집이나 자동차 혹은 기차 같은 평범한 것들을 만들어냈다. 왜 그럴까? 수단과 목표를 먼저 생각하고 행동했기 때문이다. 인간은 이때 가장 평범해진다.

B반에서는 "마음에 드는 물체를 5개씩 고르세요."라고 먼저 말했다. 그럼 학생들은 독특한 물체도 부담 없이 골랐다. 학생들이 물체를 다 고르고 난 뒤 "여러분이 고른 5개의 물체를 가지고 새로운 걸 만들어보세요."라고 말했다. 학생들은 예상치 못했던 목표를 받아 들고 당황하지만, 학생들이 만들어낸 작

6) 창의성은 없는 게 아니라 꺼내지 못하는 것입니다: 새로운 생각을 만드는 힘, 김경일, 샘터, 2019

7) https://www.youtube.com/watch?v=JdwWgw4fq7I

품은 A반보다 훨씬 더 새롭고 기발했다. 수단과 목표가 분리되었기 때문이다.

C반에서는 "어떤 새로운 물건을 만들고 싶으세요?"라고 먼저 물어봤다. 학생들은 별의별 아이디어를 내놓기 시작했다. 그러고 나서 앞의 2개 반에서 사용했던 것과 똑같은 물체들을 건넸다. 그리고 "눈앞에 있는 물체 중 5개를 골라 아까 만들고 싶었던 물건을 만들어보세요."라고 말했다. 황당해하면서도 만들어낸 결과물들은 심사위원도 놀랄 정도로 창의적인 것이 많았다고 한다. 이는 수단을 생각하지 않고 목표만을 생각했기 때문이다.

D반에서도 C반과 마찬가지로 "어떤 새로운 물건을 만들고 싶으세요?"라고 먼저 물어봤다. 학생들은 상상의 나래를 펴며 다양한 생각들을 이야기했다. 그러고 나서 똑같은 물체들을 건네며 "이제 방금 말한 물건을 만들기 위해 눈앞에 있는 물체 중에서 5개를 골라보세요."라고 말했다. C반 아이들처럼 황당해하면서 물체 5개를 골랐다. 이때 물체를 다 고르고 나면 옆 사람과 고른 물체를 바꾸라고 했다. 그러면 정말 짜증내기도 하고 난감해하면서도 놀랄만한 결과물을 만들어냈다고 한다. 수많은 창의력 있는 학생들이 만든 결과물과 비교해도 손색이 없었다고 한다.

이 실험 결과는 창의성은 단순히 개인의 능력에만 좌우되는 것이 아니라, 그 사람을 둘러싼 환경과 상황이 큰 영향을 미친다는 것을 시사한다. 따라서 우리가 놓인 상황이나 환경을 의도적으로 바꾸어줌으로써 창의성이 발현될 수 있음을 의미한다. 이는 우리 안에 잠재된 창의성을 꺼낼 수 있도록 의도적으로 제어할 수도 있다는 뜻이다. 이런 능력이 최근 이슈가 되고 있는 바로 '메타인지(Meta Cognition)'이다. KBS 〈시사기획 창〉에서 성적과 메타인지의 관계를 소개하면서 큰 관심을 일으켰다.[8] 학생들의 성적 차이는 IQ보다 메타인지에 영향이 컸다고 한다. 메타인지란 내가 아는 것과 모르는 것을 파악하는 능력, 즉 자신의 인지과정을 인지하는 것을 말한다. 앞의 실험에서 문제 상황을 어떻게 편집하느냐에 따라 결과물의 창의성이 달라졌듯이 이렇게 문제 상황을 제어하는 능력, 즉 메타인지가 발현되도록 조절하면 창의성도 충분히 조절할 수

8) https://www.youtube.com/watch?v=D0jEfRQyAL4

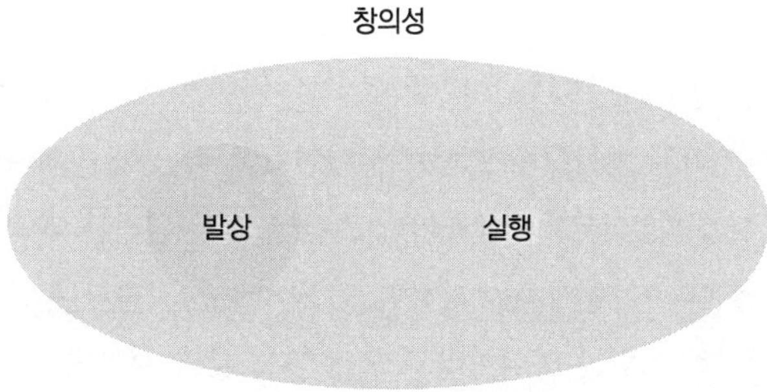

그림 1 ▌ 창의성의 본질

있음을 알려준다.

또한 [그림 1]과 같이 창의성은 실행이 중요하다고 주장하는 이도 있다.[9] 창의성을 아이디어로 한정하는 것은 일부분만을 설명하는 것이고 실행이 더 어렵다는 것이다. 창의성은 지금까지 왔던 길이 아니라 없는 길을 만들어 가야 하니 막막하고 불안할 수밖에 없다. 금방 길을 찾으면 조금은 낫겠지만 그러리라는 보장도 없다.

캘리포니아대학교 심리학 교수 프랭크 배런은 1960년대에 흥미로운 실험을 했다. 다양한 분야에서 창의성을 발휘하는 사람들을 모아 며칠씩 생활하면서 그들을 관찰했다. IQ검사, 심리검사 등 다양한 검사도 진행했다. 실험 결과는 한 가지 공통점이 있었는데 모호함을 좋아하고 불확실성을 잘 견딘다는 것이다.[10] 불확실성과 모호함을 적극적으로 수용하는 태도가 창의성을 발휘하는데 큰 도움이 된 것이다. 그래서 이런 불확실한 실행과정을 묵묵히 이겨내고 걸어가는 인내력, 도전정신, 호기심 등 태도를 발상과 더불어 강조한다. 실행하다 보면 큰 저항에 부딪힌다. 그 저항에 맞설 용기, 열린 마음, 끈기 등이 필요하다. 이것이 기업가정신이 강조되는 이유이기도 하다.

---

9) 인문학으로 광고하다, 박웅현 · 강창래, 알마, 2009
10) 메타인지의 힘, 구본권, 어크로스, 2023, 재인용

2) 무엇이(What) 창의적인가?

누가 창의적인가는 명확하게 밝히기는 어렵지만, 무엇이 창의적인가는 명확하게 정의할 수 있다. 아르키메데스가 발견한 부력의 원리는 과학원리로서 기존에 없던 개념이다. 이렇게 이야기하면 또 창의성은 과학자나 발명가처럼 특정한 사람만이 할 수 있는 영역이라고 오해한다. 앞의 실험에서도 알 수 있듯이 A반보다 B반의 결과물이, B반보다 C반의 결과물이, C반보다 D반의 결과물이 더 창의적이다. 일반인도 누구나 창의적인 결과물은 만들어낼 수 있다.

그림 2 ▮ 비닐테이프 그림

자폐 스펙트럼 장애가 있지만 예술가와 다르게 창의적으로 그림을 그리는 화가가 있다. SBS 〈순간포착! 세상에 이런 일이〉에 소개된 박태현 화가로 일명 박스테이프라고 불리는 비닐테이프로 [그림 2]처럼 다양한 그림을 그린다.[11] 일반적인 물감이나 그림 도구가 아닌 우리 주변에서 쉽게 접할 수 있는 평범한 테이프로 놀라운 색감을 지닌 다양한 작품을 만들고 있다. 밑그림도 그리지 않고 즉흥적으로 테이프를 잘라 붙여가며 그리는데 없는 색은 여러 색을

11) https://www.youtube.com/watch?v=muELSicit7Y

겹쳐 만들어낸다. 테이프로 그림을 그리는 일반인 화가도 드물지만 5세 지능을 지닌 화가가 새로운 방식으로 그림을 그린다는 점이 참으로 놀라울 따름이다.

창의적인 결과물은 기존에 없던 새로운 것을 말한다. 즉 새로운 생각이나 개념을 발견하거나 기존에 있던 생각이나 개념을 조합하여 새로이 생각해내는 것을 말한다. 심리학자에 따르면, 인간이 기존의 방법으로부터 벗어나지 못하는 근본적인 이유로 2가지가 있다고 한다. 한 가지는 인간은 인지적 구두쇠이기 때문이다. 인간은 인지적으로 많은 에너지를 소비하면서 어떤 생각을 깊게 하는 것 자체를 싫어하는 경향이 있음을 뜻한다. 다른 한 가지는 인간의 본성인 현상유지 편향 때문이다. 무언가 변화를 주어서 초래되는 불이익이 변화 없이 초래되는 불이익보다 심리적 타격이 더 크다는 점을 말한다. 따라서 심리적 무의식을 의식적으로 탈피하는 것이 창의성의 전제조건인 셈이다.

3) 어떻게(How) 창의적인 결과물을 만들 수 있을까?

창의성은 고정관념을 깨는 것이다. 고정관념이란 선천적이 아닌 학습에 의해 형성된 고착된 사고방식을 말한다. 하지만 불완전한 인지능력으로 인해 자신의 고정관념을 인지하지 못한다. 따라서 사람에게 고정관념이 형성되는 것은 자연스러운 현상이며, 이를 인지하지 못하는 것도 자연스러운 현상이니 이를 인정하고 받아들이는 것부터 시작해야 한다. 인간의 불완전한 인지능력을 보여주는 유명한 실험이 있다. '보이지 않는 고릴라' 실험이다.[12] 1999년 심리학자 대니얼 사이먼스와 크리스토퍼 차브리스가 연구한 실험으로 심리학 교재에도 실려 있다. 실험참가자들에게 검은 티셔츠를 입은 3명과 흰 티셔츠를 입은 3명, 총 6명이 서로 농구공을 패스하는 20초짜리 짧은 동영상을 보여줄 테니 "흰 티셔츠를 입은 사람이 공을 몇 번 패스하는지 세어보라."고 요청한다. 동영상을 시청한 다음 실험참가자들에게 "고릴라를 보았는지"를 질문한다. 참

12) https://www.youtube.com/watch?v=vJG698U2Mvo

고로 동영상 중간에 5초 동안 고릴라 의상을 입은 사람이 농구하는 사람들 가운데로 걸어 들어가 몇 차례 가슴을 친 뒤 걸어 나간다. 그런데 실험참가자의 절반 정도가 "고릴라를 보지 못했다."고 답했고, 다시 동영상을 보여주면 조작되었다고 의심했다.[13] 이 실험은 사람의 인지능력이 어떻게 작동하는지 잘 보여준다. 자신의 인식을 의식하기도 하고 못하기도 하는 완벽하지 않은 능력이다.

창의성과 관련한 인물들은 많이 연상되는데 개인적으로 가장 먼저 떠오르는 인물은 스티브 잡스이다. 동시대 사람이며 직접 만든 제품들을 현재 사용하기 때문이다. 그가 남긴 것으로 제품뿐만 아니라 위대한 기업도 있지만, 창의성과 관련된 많은 명언들도 남겼다. 그중에서 "Stay Hungry, Stay Foolish"라는 말로 유명한 스탠퍼드대학교 졸업 연설에서 "진정한 창조와 혁신은 없던 것에서 무언가를 탄생시키는 것이 아닌 이미 존재하고 있는 것들을 새로운 시각에서 바라보고 연결시키는 것이다."라고 강조했다. 또한 다른 인터뷰에서 "창조적인 사람에게 어떻게 해냈는지 물어보면 약간 죄책감을 느낀다. 그들은 정말 무언가를 만들어낸 것이 아니라 무언가를 발견해낸 것뿐이기 때문이다. 창의는 서로 다른 것을 연결시키는 것이다."라는 말도 했다. 아르키메데스도 고민하는 환경에서 벗어나 잠시 목욕하는 순간에 목욕하는 환경과 문제의 상황을 연결하여 새로운 방법을 찾아냈다. 이처럼 다른 분야에서 적용되는 방법을 자신의 문제 상황과 의도적으로 연결을 시도해보면 고정관념을 깨는 창의적인 아이디어가 도출될 가능성이 많다. 이를 가리켜 헝가리 철학자 아서 쾨슬러(Arthur Koestler)는 〈창조의 행위(*The Act of Creation*)〉 저서에서 이연현상(Bisociation)이라고 정의했다.

국내 최초로 '휴테크'란 개념을 소개한 김정운 문화심리학자도 '에디톨로지(Editology)'라는 새로운 개념을 소개하며, 창조란 자신만의 관점으로 편집하는 것이고 편집이야말로 가장 확실하고 효과적인 창조방법론이라고 주장했다. 심지어 최근 유행하는 4차 산업혁명도 매우 추상적이니 지식의 편집혁명이라고

13) 보이지 않는 고릴라, 크리스토퍼 차브리스 · 대니얼 사이먼스, 김영사, 2006

하는 것이 옳다고 주장했다.

에디슨이 남긴 명언, "천재란 1%의 영감과 99%의 노력으로 이루어진다."라는 말의 의미를 이제야 이해할 만하다. 에디슨은 생전에 이 말이 오용되는 것에 화가 났다고 한다. 발상이 중요한데 노력의 중요성으로만 사용되었기 때문이다.

4) 언제(When) 창의성이 발현되는가?

여러 심리학자들이 실험을 통해 밝혔듯이 창의성은 제약이 심한 문제를 해결하는 과정 중에 발현된다. 앞의 심리실험 A반의 경우처럼 기존의 방법으로 문제를 해결할 수 있다면 굳이 새로운 방법을 찾을 필요가 없다. 그런데 C반의 경우처럼 자원의 제약으로 인해 기존 방법으로 해결할 수 없는 경우 새로운 아이디어를 찾아야만 한다.

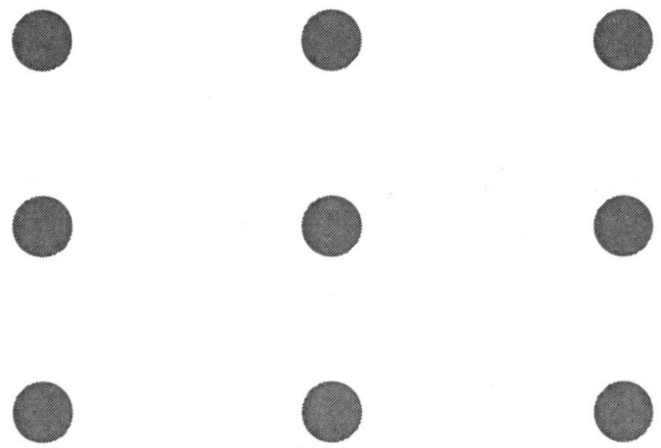

그림 3 ▌ 9개 점

예를 들어 보자. [그림 3]처럼 9개 점이 있다. 9개 점을 한번에 연속하는 직선으로 연결한다고 하자. 먼저 5개 직선으로 연결해보자. 아마도 누구나 쉽게 연결할 것이다. 그럼 이번엔 직선 4개로 연결해보자. 그리 쉽지는 않다. 더 어렵게 3개 직선으로 연결해보자. 다음은 1개의 직선으로 연결해보자. 점점 더 상황이 열악해질수록 기존의 고정관념을 깨지 않고는 문제를 해결할 수가 없다. 이처럼 문제 상황에서 어떻게 하면 기존의 방법을 뛰어넘는 방법을 잠재된 능력에서 꺼낼 수 있을 것인가가 창의성과 관련이 깊다. 즉 창의성은 능력보다는 상황을 통해 발현된다.

5) 어디에(Where) 창의성은 숨어있는가?

창의성은 문제 속의 모순을 극복할 때 발현된다. 특히 기존의 방법으로 문제를 해결할 수 없는 혁신이 필요한 상황 속에는 반드시 그 문제 속에 모순이 존재한다. 유레카의 문제도 금관을 훼손할 수 있다면 굳이 새로운 방법을 찾을 필요가 없었다. 그런데 금관을 훼손하지 않으면서 금으로 만들었는지 확인해야 하므로 금관을 녹여서 확인하는 기존의 방법은 적용할 수가 없었다. 따라서 문제 속의 모순을 극복하는 창의성이 발현되어야만 했다.

또 다른 예를 들어 보면, 포털사이트 광고는 사용자의 눈에 띄어야 효과적이다. 하지만 광고가 너무 눈에 띄면 사용자에게 거부감을 줄 수 있다는 모순 관계가 숨어있다. 따라서 포털사이트 광고는 눈에 띄면서도 거부감을 주지 않는 방법을 찾아야만 한다. 구글은 키워드 검색을 통해 검색하기 전에는 광고가 보이지 않다가 키워드 검색을 하면 관련된 광고가 눈에 띄도록 하는 창의적인 방안을 만들어냈다.

1.2 왜(Why) 지금 창의성이 필요한가?

과거에도 창의성은 존재했고 필요했다. 왜 유독 최근 들어 창의성을 강조할까? 기업은 물론 교육 분야에서도 창의적 인재를 양성해야 한다면서 창의력 교육에 몰입하고 있을까? 21세기 들어 산업 및 사회 전반에 혁명적인 변화가 일어나고 있기 때문이다. 특히 코로나 팬데믹 이후 디지털 트랜스포메이션

(Digital Transformation, 디지털 전환)이 급격하게 이루어지면서 4차 산업혁명에 대한 논의가 활발해졌다. 사회의 변화는 인공지능, 빅데이터, 로봇공학, IoT 등 다양한 기술의 개발로 더 드러나기 시작했고, 특히 ChatGPT 열풍이 더 뜨거워지면서 디지털 전환을 더욱 가속시켰다. 4차 산업혁명은 [그림 4]처럼 이전의 1차, 2차, 3차 산업혁명이 불러왔던 생산성 혁명과는 전혀 다른 새로운 패러다임으로 전환되는 혁명이다. 그런데 이런 기술들이 우리 삶에 어떤 변화를 일으키고, 어떤 직업은 살아남고 어떤 직업은 없어지는지 등 표피적인 예측성 논의만 일어나고 있다. 정작 중요한 4차 산업혁명의 본질과 실체를 명확하게 전달하지 못하고 있다.

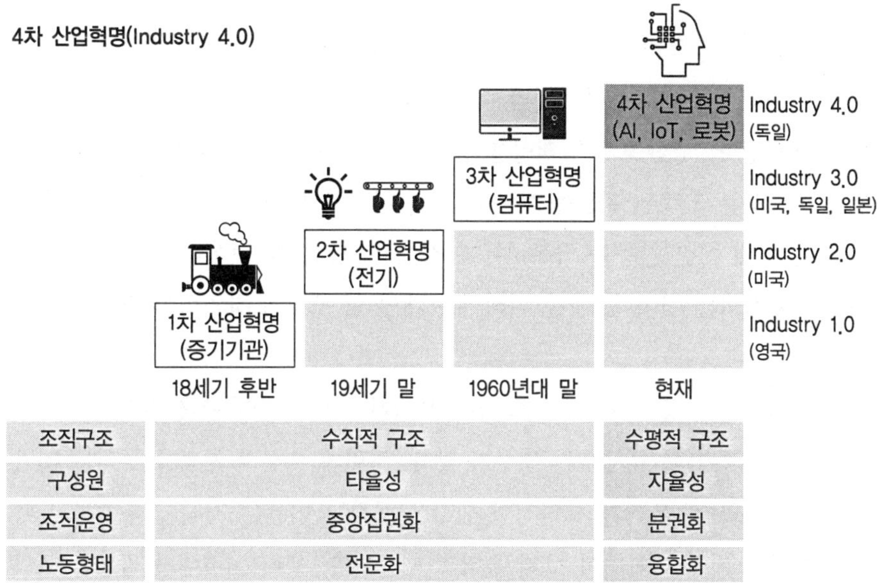

그림 4 ▌ 산업혁명 비교

인사조직 분야의 최동석 박사는 독일 인더스트리 4.0으로 촉발된 4차 산업혁명은 이전의 산업혁명과 질적 · 양적인 면에서 근본적으로 다르게 전개되고 있다고 주장한다.[14] 조직 측면에서 나타난 4가지 특징으로 사회의 변화를 설

14) 4차 산업혁명과 제조업의 귀환, 김은 외 11인, 클라우드나인, 2017, pp.395~422

명하고 있는데, 첫째 조직의 구조는 수직적 지배구조에서 수평적 네트워크 구조로, 둘째 구성원은 타율성에서 자율성으로, 셋째 조직의 운영은 중앙집권화에서 분권화로, 넷째 노동은 점점 세분화되면서 전문화되다가 나중에 융합될 것이라고 주장한다. 이를 한마디로 이야기한다면 앞으로의 사회는 개인 중심의 생산과 소비가 네트워크 구조로 결합되는 플랫폼으로 전환될 것이라고 한다. 20세기까지 세계는 1차, 2차, 3차 산업혁명이 불러온 생산성을 중시하는 시스템을 구축함으로써 생존에 유리하였으나 21세기 세계는 다양성을 통해 개인화(Personalization)가 중시되는 시스템이 생존에 유리한 시대가 되었다. 따라서 다양성과 개인화를 지원하는 창의성이 개인은 물론 조직에서도 필요해졌다.

생산성에서 중요하게 생각했던 시스템은 일관된 패턴을 통해 의사결정이나 문제해결의 효율성을 높여주지만 다양한 대안이나 선택권을 제한하는 역효과를 발생시킨다. 생산성과 창의성을 동시에 추구해야 하는 21세기에서는 시스템을 운영하는 고정된 관념을 따라야 하는지 말아야 하는지 사이의 갈등을 유발한다. 이때 이런 갈등을 극복하는 과정에서 새로운 대안이나 창의적인 아이디어가 발현되는 것이다. 이를 위해서는 개인 및 조직의 창의성이 점점 중요해질 것이다.

최근 창의성이 중요해지자 대학마다 21세기 사회에 적합한 창의적 인재양성이라는 교육 목표를 내세우는 경우가 많다. 그런데 오히려 지식을 늘리는 데만 집중하는 듯하다. 우리가 창의적인 생각을 못하는 이유는 지식이 부족하기 때문이 아니라 지식을 가져다 쓰지 못하기 때문이다. 우리는 지혜가 필요한 것이다. 간단한 우화를 통해 지식과 지혜를 비교해보자.

“옛날 어떤 성 안 큰 연못에 물고기들이 살고 있었다. 어느 날 성에 큰 불이 났고, 이 소식이 연못까지 전해졌다. 연못에 사는 물고기들이 긴급하게 모여 회의를 열었다. 한 물고기가 ‘불이 났으니 다른 연못으로 피신하자.’고 주장했다. 그러자 다른 물고기가 ‘불이 번질 염려가 없는 물속에 있는 우리는 안전하니 갈 필요가 없다.’고 비웃었다. 각각 다른 주장을 하는 터에 물고기들은 각자 원하는 바대로 행동했다. 성안의 불이 모두 꺼진 후에 연못을 살펴보니, 다른 연못으로 피신한 물고기는 살아남았지만 연못에 남아있던 물고기는 모두 죽었다. 그런데 죽은 물고기들을 살펴보니 불에 타 죽은 것이 아니라 연못에 물이 없어 죽어 있었다. 이는 성의 불을 끄기 위해서 사람들이 연못의 물을 길어다 불을 껐기 때문이다.”

이 우화에 나온 내용으로 개념을 설명하자면, “성 안에 불이 났다”는 ‘사실’이 연못에 전해진 것은 ‘정보’에 해당되고, “연못 속에 있는 물고기는 불에 타 죽지 않는다.”라는 것은 ‘지식’에 해당되며, “불을 끄기 위해서 사람들이 연못의 물을 길어다 쓸 것이다”라는 점은 ‘지혜’에 해당된다.

이처럼 지혜의 출발점은 방대한 정보와 지식에서 유의미한 연결을 통해 새로운 가치를 발견하는 것이다. 이때 메타인지는 이런 인지활동의 계기판 및 제어판 역할을 한다. 창의성도 마찬가지이다. 뇌과학 실험에 따르면 뇌의 어떤 부분이 창의성과 관계가 있는지 알아보기 위해 아이들이 놀이에 집중하는 동안 fMRI로 뇌를 촬영했다고 한다. 그 결과 아이들이 물체의 용도를 다양하게 생각할 때, 메타인지와 관련된 뇌 부분이 활성화됨을 확인했다.[15] 즉 창의성과 메타인지가 깊은 관련이 있음을 증명한다고 하겠다. 언제든 자신의 고정관념을 버리고, 서로 다른 분야와 연결 및 융합을 통해 지식과 아이디어를 확장해나갈 줄 알아야 한다.

이 외에도 현재 창의성이 필요한 이유는 다양하다.

1) 빠르게 변화하는 세상에서 개인 경쟁력을 갖추기 위해

세계는 점점 더 빠르게 변화하고 있다. 새로운 기술이 등장하고, 새로운 시장이 형성되고, 새로운 고객이 등장한다. 새로운 콘텐츠를 발굴하여 유튜브 등 플랫폼에 올리면 순식간에 확산되고 부와 재미를 동시에 얻는 크리에이터 경

15) 메타인지 학습법, 리사 손, 21세기북스, 2019

제 시대가 되었다. 이러한 변화에 적응하기 위해서는 창의성이 필요하다. 창의적인 사고를 통해 새로운 아이디어를 창출하고, 새로운 제품과 서비스를 개발하여 경쟁력을 갖출 수 있다.

SBS 〈순간포착! 세상에 이런 일이〉에 풍선으로 마술을 하는 사람이 등장해 눈길을 끌었다.[16] 풍선으로 마술을 하는 사람은 많은데 어떻게 사람의 이목을 끌었을까. 자칭 '스토리 풍선 아티스트'라고 하는 이지원 마술사는 짧은 스토리를 만들고 그 속에 등장하는 다양한 캐릭터를 풍선으로 만들어 다양한 퍼포먼스를 동영상으로 제작하여 유튜브에 소개한다. 본인 채널 구독자가 1만 명이 넘었다. 1분 남짓 동영상 제작에 6시간 정도 시간을 할애하여 제작한다. 10년차 마술사인데 처음 마술을 시작했을 때 자신보다 잘하는 마술사가 너무 많아서 고민했다고 한다. 어떤 변화를 줘야겠다고 생각해 풍선 아트를 3년간 독학했다. 이런 노력으로 마술과 풍선 아트를 접목해 새로운 장르를 만들었고, 이와 관련된 콘텐츠를 꾸준히 유튜브에 올리면서 사람들의 관심을 끌기 시작했다. 이제는 오히려 어린이와 부모들이 좋아해 다양한 곳에서 초청한다고 한다.

2) 다양한 분야의 갈등문제를 해결하기 위해

점점 세상이 다양화되고 개인화되면서 여러 분야에서 다양한 이해관계자들 사이에서 갈등문제들이 속출한다. 경제문제, 환경문제, 사회문제, 정치문제, 지역문제 등 해결하기 어려운 문제들이 점점 많아진다. 이러한 문제들을 효과적이며 효율적으로 해결하기 위해서는 창의적인 사고가 필요하다. 창의적인 사고를 통해 새로운 해결안을 제시하고, 문제들을 해결할 수 있다.

국내 음식업의 경쟁이 치열해지면서 프랜차이즈의 갑질문제가 자주 발생한다. 음식시장에 자영업자들이 쉽게 진입하기 위해 프랜차이즈 가맹점으로 가입하는 경우가 많다. 이러면서 본사와 가맹점 사이에 이익 분배를 놓고 갈등이 많이 일어난다. 본사 갑질의 전형적인 형태가 본사가 가맹점에 자재를 납품하

16) https://www.youtube.com/watch?v=Q5wj2yjxw3Y

면서 이익을 챙기는 것이다. 프랜차이즈 본 고장인 미국에서도 이런 문제는 심각했다. 시장규모가 성장했던 1970년대에는 집단 소송까지 제기하며 갈등은 극에 달했다. 가맹점은 물론 본사에까지 피해가 커지자 상생하는 방법을 찾기 시작했다. 예를 들어 던킨 도너츠 기업은 가맹점주들이 물류협동조합을 만들어 합리적인 가격으로 자재를 공급하는 아이디어를 제안했다. 대신 본사는 브랜드 사용 대가로 로열티만 받기로 한 것이다.[17] 이 방안으로 가맹점은 자재 구입 단가를 낮추게 되었고, 본사는 로열티로 수익을 올리는 상생하는 아이디어로 갈등문제를 창의적으로 해결했다.

3) 더 나은 삶을 살기 위해

창의성은 우리 삶을 더 풍요롭게 만들 수 있다. 창의적인 사고를 통해 새로운 경험을 할 수 있고, 새로운 것을 배우고, 새로운 것을 창조할 수 있다. 이러한 경험들은 우리 삶을 더 의미 있고, 더 행복하게 만들어준다.

위의 1)과 2)의 내용은 이제 너무 자주 들어 식상할 정도이다. 반면에 3)의 내용은 아무리 강조해도 지나치지 않을 것이다. 바로 삶의 질이며 생존의 문제이기 때문이다. 자본주의 시장경제 속에서 치열한 경쟁에 너무 치이다 보니 삶까지 포기하는 청년들이 너무나 많다. 그래서 사례 한 가지를 들어 창의적인 아이디어를 통해 평범한 사람도 지금보다 더 나은 삶을 살 수 있음을 확인시켜 주고 싶다.

K-영화를 세계에 널리 알린 봉준호 감독처럼 큰 성취를 이룬 사람들이 늘 자신에게 특별한 게 없다고 말하면 그 말이 사실이어도 평범한 사람들은 더 맥빠지고 실망이 크다. 놀라운 성취를 이루려면 재능도 있어야 하고 노력도 해야 한다. 그렇다면 평범한 사람들은 어떻게 해야 할까?

자기계발전문가 제임스 클리어(James Clear)는 메타인지를 통해 자기 자신을 관리하는 것이 중요하다고 강조했다. 그러면서 만화가 스콧 애덤스(Scott

17) https://www.ttimes.co.kr/article/2017121413187789311?dt=android&ver=1.3.9

Adams)를 사례로 들었다.[18] 평범한 직장인이었던 애덤스는 험난한 직장생활을 풍자한 만화 〈딜버트(Dilbert)〉를 28년간 연재했다. 애덤스 본인은 자신의 성공 비결이 뛰어난 재능이 있어서가 아니라 두 가지 이상의 괜찮은 재능의 조합이라고 말한다. 일반인보다는 그림은 잘 그리지만 예술가 정도는 아니고, 주변 사람들을 웃기기는 하지만 코미디언만큼은 아니라고 한다. 그런데 그림도 적당히 잘 그리면서 동시에 농담도 잘하는 사람은 별로 없다. 그래서 이 두 가지를 조합한 덕분에 큰 성공을 이룰 수 있었다고 말한다.[19]

얼마나 창의적인가. 메타인지를 통해 자신의 재능의 내용과 수준을 정확하게 파악했고, 그 재능을 잘 융합해서 새로운 분야의 창시자가 되었다. 특히 자본주의는 가치가 있고 차별화된 콘텐츠에 보상을 한다. 이는 남을 모방하거나 따라가서는 성취할 수 없는 것이다. 자신을 들여다보고 자기 자신만의 것을 드러낼 때 특별해진다. 즉 메타인지를 통해 창의성을 발휘한다면 평범한 우리도 원하는 성취를 이룰 수 있다는 반증이 아닐까 한다.

1.3 어떻게(How) 창의성을 재현할 수 있는가?

누구나 아이디어는 있다. 그런데 좋은 아이디어는 드물다. 그 이유는 창의성을 얼마나 자주 반복적으로 재현할 수 있느냐에 달려있다. 앞 절에서 창의성은 고정관념을 깨는 것이라고 했다. 고정관념이 사고의 폭을 제한하기 때문이다. 조직심리학자 애덤 그랜트 교수는 고정관념을 깨는 방법으로 다시 생각하기(Think Again)를 제안한다.[20] 고정관념은 자기 스스로를 자기가 만든 감옥에 가둬버린다며 똑똑한 사람일수록 고정관념에 빠져들 가능성이 높다고 지적한다.

18) https://www.ttimes.co.kr/article/2021052115407746206

19) 더 시스템: 거의 모든 일에 실패하던 자가 결국 큰 성공을 이루어낸 방법, 스콧 애덤스, 베리북, 2020

20) Think Again, 애덤 그랜트, 한국경제신문, 2021

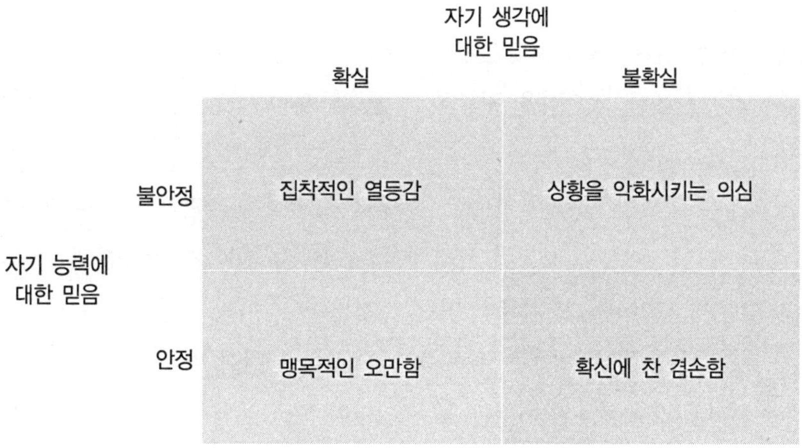

그림 5 ▮ 자기 능력과 자기 생각의 분리

우리 대부분은 자기가 가진 고정관념, 즉 믿음, 사상, 그리고 이념이라는 잣대로 자기 자신을 규정하는 데 익숙해져 있다. 특히 변화가 급변하고 지식이 진화할 때 이에 대응해서 자신의 생각과 마음을 바꾸는 것을 가로막기 쉽다. 따라서 고정관념에서 자신의 정체성을 분리하는 것이 무엇보다 중요하다. 애덤 그랜트는 [그림 5]처럼 고정관념을 자기 능력에 대한 믿음과 자신의 생각에 대한 믿음으로 구분했다. 그리고 문제를 해결할 능력이 자기에게 있음을 확신하면서도 현재 가지고 있는 해결안을 의심하는 확신에 찬 겸손함이 고정관념

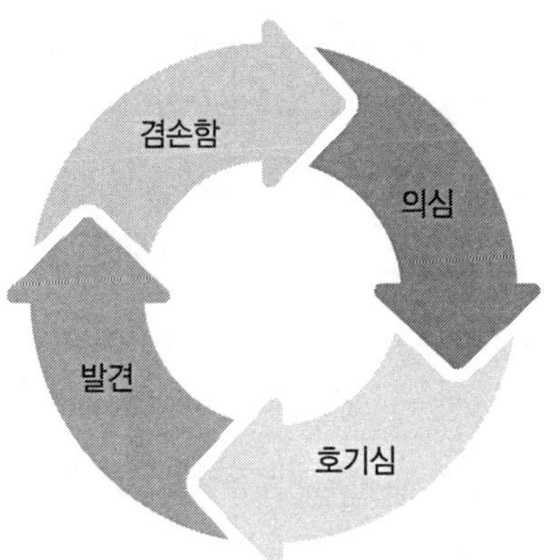

그림 6 ▮ 다시 생각하기 사이클

을 깨도록 도와준다고 주장하였다. [그림 6]처럼 맨 먼저 자기가 알지 못한다는 사실을 아는 겸손함, 즉 메타인지에서부터 시작하여 현재 생각을 의심하고 새로운 생각에 대한 호기심을 꾸준히 가질 때 새로운 생각을 발견하게 된다는 것이다.

창의성은 특별한 재능이 아니다. 누구나 창의성은 가지고 있으며 아이디어도 있다. 다만 맨 처음 떠올린 생각에서 벗어나지 못한 채 익숙함에 안주하는 습관 때문에 창의성을 발휘하지 못하는 것뿐이다. 따라서 창의성이 자주 발현되기 위해서는 이런 심리적 습관을 깨는 일정한 패턴이 필요하다. 여기서 모순이 발생한다. 효율성을 위해서는 틀이 있어야 하고 다양성을 위해서는 틀이 없어야 하는 전형적인 모순관계가 숨어있다. 1.1절 1)의 심리실험처럼 목표와 수단은 분리하여 방향성은 잃지 않되 해결을 위한 수단은 다양하게 모색하도록 틀을 만드는 것이 중요하다. 창의성도 훈련하면 갈고 닦을 수 있는 기술이라고 할 수 있다. 그래서 좋은 사고의 틀, 즉 프레임(Frame)이 필요하다.

한 가지 스타트업 사례를 들어 설명해보자. 힙캠프(Hipcamp)는 2013년 창업자 알리사 라바시오(Alyssa Ravasio)가 미국 캘리포니아에서 설립한 캠핑 중개 플랫폼 스타트업이다.[21] 기존의 캠핑장과는 달리, 개인 소유의 캠핑장, 농장, 빈집, 해변 등 다양한 장소를 캠핑장으로 제공한다. 현재 미국, 캐나다, 유럽 등 10여 개국에서 운영되고 있다. 2019년 기준, 100만 개 이상의 캠핑장을 제공하고 있으며, 100만 명 이상의 사용자를 보유하고 있다. 2016년 2,500만 달러의 투자를 유치했으며, 2019년에는 1억 달러의 투자를 유치했다. 2019년 기준으로 기업가치가 1억 2,700만 달러로 평가받고 있다.

이렇게 성장하기까지 그 과정에서 큰 어려움이 있었다. 창업 초기에는 캠핑 정보를 알려주는 정보 사이트로 시작했다. 창업자는 5시간 동안 인터넷을 뒤져 캘리포니아 빅서(Big Sur)로 캠핑을 갔는데 서핑보드를 가져오지 못한 아쉬움이 커서 2013년 캠핑 정보를 제공하는 힙캠프를 창업했다. 초반에는 지역, 날짜, 캠핑 종류를 선택하며 최적의 캠핑장을 추천해주면서 잘 나갔다. 좋은

21) https://www.ttimes.co.kr/article/2019072615537757598

아이디어로 평가받아 2년 만에 투자를 받고 미국 전역으로 확대하기도 했다. 그런데 힙캠프가 성공하자 경쟁자들이 생기기 시작했다. 이에 고객들이 추천받은 지역에 사람들이 바글바글해서 실망했다는 후기가 늘기 시작했다. 힙캠프는 많은 고객들에게 좋은 캠핑장을 추천하지만 정작 고객들은 만족스런 캠핑을 위해서는 캠핑장에 많은 사람들이 없어야 한다는 딜레마를 해결해야만 했다. 아이디어 재생이 필요한 시기가 된 것이다. 이에 그녀가 떠올린 창의적인 아이디어는 공유지 대신에 사유지를 대여하자는 것이다. 공유지는 소문이 나면 사람이 많아질 수밖에 없으니 사유지를 선택한 것이다. 또한 굳이 숙박시설이 없어도 텐트와 캠핑카를 들일 공간만 있으면 땅 소유자들을 쉽게 설득할 수 있을 것으로 판단했다. 2015년부터 해안가, 숲, 농장, 평야 등 경치가 좋고 인적이 드문 곳을 찾아다니며 사유지 주인들을 설득하였다. 2018년 2만여 곳의 사유지를 등록하여 에어비앤비처럼 대여하기 시작했다. 사유지 주인에게는 사용료를 제공하고 힙캠프는 10% 수수료를 받는 비즈니스 모델로 운영했다. 대부분 유휴지인 사유지를 개발하지 않고도 수익을 낼 수 있도록 함으로써 환경보존에도 공헌했다. 초기의 아이디어보다 더 좋은 아이디어로 발전한 것이다. 이처럼 아이디어는 지속적으로 더 좋은 아이디어로 진화해야 의미가 있다. 따라서 처음 아이디어에 안주하지 않고 지속적으로 재생하는 프레임이 필요하다.

좋은 프레임(Frame)은 일반화와 추상화를 가능하게 해서 다른 상황에도 적용하게 해준다. 정보가 넘쳐나고 방향이 없는 현실세계에서 핵심에 집중하고 다른 것들을 무시하게 한다. 고정관념을 깨되 핵심은 놓치지 않도록 도와준다. 즉 좋은 프레임은 창의성이 자주 재현되도록 도와준다. 지금까지 많은 아이디어 발상기법들이 개발되었지만 목표와 수단을 분리해서 접근하는 프레임은 트리즈가 유일하다. 트리즈는 좋은 프레임이다.

기본실습문제 우리 주변에서 창의적 결과물 찾기

고속도로를 달리다 보면 도로 위에 여러 색으로 표시된 차선을 볼 수 있다. 운전자에게 특정 경로를 미리 알려주어 복잡한 길을 쉽게 운전하도록 유도하는 역할을 한다. 이 작은 아이디어가 교통사고를 예방하는 효과가 크다. 2017년 기준으로 교통사고가 31%나 감소했다고 한다.[22)]

- **이처럼 우리 주변에서 발견할 수 있는 창의적인 아이디어를 찾아보자.**

풀이

---

22) https://m.blog.naver.com/PostView.naver?isHttpsRedirect=true&blogId=exhappyway&logNo=221607550329

기본실습문제 창의적 결과물 비교

21세기를 대표하는 스페인 건축가 안토니 가우디(Antoni Gaudi)의 동영상[23]과 일본 건축가 안도 다다오(Ando Tadao)[24]의 동영상을 시청하고 각각의 건축물을 비교한다.

- 창의성 관점에서 공통점과 차이점을 설명하라.

풀이

23) https://www.youtube.com/watch?v=1swoGS8Tnow

24) https://www.youtube.com/watch?v=q1HZT53jLn0

CHAPTER

02

트리즈 (TRIZ)

Chapter

< 02 >

트리즈(TRIZ)

창의성은 학습이 가능할까? 대답은 '예'이다. 인지심리학에서 창의성은 특별한 재능이 아니라 누구나 가지고 있는 것이라고 한다. 다만 익숙함에 빠져 창의성을 꺼내지 못할 뿐이다. 보통 익숙하거나 경험했거나 잘 아는 내용을 접하면 성급하게 해결안부터 제시한다. 경험이 많을수록 전문가라고 생각할수록 이런 현상에 잘 빠진다. 이런 현상은 왜 자주 발생할까? 이는 자신이 모른다는 사실을 인지하지 못하거나 자신의 경험이 틀릴 수도 있다는 사실을 인지하지 못하기 때문이다. 즉 메타인지가 작동하지 않는 것이다. 자신이 고정관념에 갇혀있는지 아닌지를 살필 필요가 있다.

메타인지란 자신의 인지과정을 인지하는 것을 말한다. 자신의 생각에 대한 생각을 객관화에서 들여다볼 수 있는 능력이다.[25] (참고로 자신의 메타인지 능력을 테스트해볼 수 있으니 동영상을 시청하기 바란다.) 따라서 창의성을 잘 꺼내도록 하는 메타인지에 기초한 메커니즘(Mechanism)이 중요하다. 어떤 심리실험에서 얻은 결과에 의하면, "문제해결력이 높은 학생들은 메타인지가 높은 학생들이다. 즉 문제해결에 대한 목표와 그 과정을 인지하고 있는 학생들의 문제해결력이 우수했다."고 보여주었다.[26] 문제해결과정은 체계적이어야 한다. 특히 자신이 고정관념에 쌓여 있는 사실을 인지하며 그 과정 속에 의도적

---

25) https://www.youtube.com/watch?v=WOBRi-1bQJM

26) "Does the Use of Metacognitive Strategies Influence Students' Problem Solving Skills in Physics?", Shareeja, Ali, M. C., & Gafoor, Abdul, K., *IOSR Journal of Humanities and Social Science(IOSR-JHSS),* Vol.19, Issue 11, Ver. VII, Nov. 2014, pp.48~51

으로 탈피하도록 하는 메타인지를 주입해야만 한다. 문제해결과정에서 사고의 흐름과 개선이 필요한 부분을 인지할 수 있도록 도와주는 프레임이 절대적으로 필요하다.

컬럼비아대학교 심리학과 손지나 교수에 따르면, 메타인지를 통해 문제해결력을 높이려면 스스로 평가하는 모니터링(Monitoring) 전략과 컨트롤(Control) 전략이 필요하다고 한다.[27] 프레임 속의 인지단계가 사전에 방향을 설정하고 이것이 제대로 진행되고 있는지를 모니터링하면서 더 나은 방안을 찾아가는 과정(컨트롤)이 중요하다. 특히 창의적인 아이디어가 필요한 경우에는 기존의 관념에서 접근하는 것이 아니라 새로운 틀에서 접근하도록 도와주어야 한다.[28] 트리즈는 자연스럽게 메타인지 차원에서 문제해결을 위한 사고체계를 바꿔주어 창의적으로 문제에 접근하도록 도와준다.

또한 트리즈가 제시하는 문제해결방안은 혁신적이다. 기존의 방식에서 약간 개선하는 방안으로는 요즈음처럼 초경쟁 시대에서는 생존하기 어렵다. 경쟁을 초월하여 새로운 가치를 창출하는 혁신만이 살길이다. 〈블루오션전략〉으로 세계적인 경영 구루로 떠오른 김위찬 교수는 〈비욘드 디스럽션*(Beyond Disruption)*〉이라는 책에서 모두가 이기는 창조의 길을 제시하고 있다. 승자와 패자가 존재하는 제로섬 게임에서 벗어나 모두가 승자가 되는 새로운 혁신전략인 비파괴적 전략을 소개한다. 아직도 기업이 파괴를 통해서만이 혁신을 이룰 수 있다는 고정관념에 빠져있을 때 누구도 해치지 않고 승리하는 길을 제시하고 있다. 얼마나 혁신적인가? 얼마나 창의적인가?

트리즈에서는 혁신적인 해결안은 다음 세 가지 특징이 있다고 주장한다.

(1) 모순을 해결한다

혁신적인 해결안은 문제 속의 모순을 극복해야만 한다. 모순을 극복하지 못한 해결안은 약간의 개선이나 확장에 불과하다. 따라서 반드시 모순을 찾아 해

---

27) 메타인지 학습법, 리사 손, 21세기북스, 2019

28) https://www.youtube.com/watch?v=Gi6EgXxY0GQ

결하는 것이 무엇보다 중요하다.

(2) 이상적 해결안을 찾는다

혁신적인 해결안은 시스템의 이상성을 증가시켜야 한다. 이상성이란 비용 대비 성능을 나타내는데 시스템은 이상성이 증가하는 방향으로 발전하게 된다.

(3) 자원을 잘 활용한다

문제 내의 존재하는 기존 자원이나 주변에서 쉽게 구할 수 있는 자원을 잘 활용하여 이상성이 커지는 방향으로 해결해야 혁신이 가능하다. 심지어 해로운 자원까지도 역으로 이용한다.

예를 들어, 사과가 한 개밖에 없는데 두 사람이 다투지 않고 사이좋게 나누어 먹는 방법은 무엇일까? 물론 수학적으로는 정확하게 이등분을 하는 것이 정답이다. 그러나 현실에서는 정확하게 이등분한다는 것은 불가능에 가깝다. 사실 사과 하나를 더 구해서 하나씩 먹는 것이 가장 좋은 방안인데 하나를 더 구할 수 없는 상황이라면 이것 또한 방안이 아니다. 실제 현실에서 자주 사용하는 방안은 한쪽 혹은 서로가 조금씩 양보하는 것이다.

이보다 혁신적으로 좋은 방법은 없을까? 역할을 분담하는 것이다. 사과를 물리적으로 정확하게 이등분하는 기준점이 분명하지 않다면 한 사람은 사과를 자르고 다른 한 사람은 그 자른 사과를 선택하게 한다. 그러면 사과를 자르는 사람이나 사과를 선택하는 사람 모두 신중해지고 그 결과를 어느 정도 수용할 것이다. 이 얼마나 창의적인가? 트리즈는 이런 창의적인 방법을 찾도록 도와준다.

드라마 〈선덕여왕〉은 2009년 방영된 MBC 대하드라마이다. 방영 당시 미실의 카리스마가 워낙 강렬해서 대단한 인기를 끌었다. 여러 인상적인 장면들 중에 개인적으로 기억에 남는 장면이 있다. 미실이 반란에 실패한 후 대야성으로 피신했을 때 덕만 공주가 난공불락인 대야성을 점령하기 위해 전략을 짜는 장면이다. 덕만 공주, 비담, 유신 세 사람은 대야성을 점령하기 위해 전략을 상의하고 있었다. 비담은 병력을 사용해서는 대야성을 점령할 수 없기 때문에 전공법보다 다른 방법을 사용해야 한다고 주장하였다. 강에 독약을 풀어 성 안의 모든 사람들을 죽이자고 하였다. 그러나 유신은 강에 독약을 풀게 되면 군사는 물론 선량한 백성들까지 죽게 되고 대야성도 초토화되어 다시는 사람이 살 수 없는 마을이 된다고 독약을 풀 것을 반대하였다. 이 말을 들은 덕만 공주는 두 사람 모두 일리가 있는 말이기에 갈등을 느꼈다. 잠시 깊은 생각에 잠긴 후에 덕만 공주는 이렇게 말했다.

"비담의 전략을 쓰기도 하고 쓰지도 않을 것이다."

이 말에 비담과 유신은 혼란에 빠졌다. 쓰기도 하면서도 쓰지도 않을 것이라니, 이 말처럼 모순된 말이 어디에 있는가. 하지만 덕만 공주는 독약을 푸는 전략을 쓰면서 쓰지도 않는 모순된 전략을 사용하였다. 강에 실제로 독약을 푼 것이 아니라 헛소문만 퍼트린 것이었다. 실제로 독약을 풀지 않으면서 독약을 풀 때 나타나는 공포만을 추출하여 적을 공격하면서 백성을 살리는 묘수를 생각해내었다. 참으로 기가 막힌 방법이다. 혹시 덕만 공주도 트리즈를 배운 것은 아닐까. 추출이라는 방법은 트리즈의 발명원리의 한 가지이다.

2.1 트리즈 탄생

트리즈(TRIZ)는 겐리히 알트슐러(Genrich S. Altshuller, 1926~1998) 박사가 개발한 창의적 문제해결기법으로 발명적 문제해결이론(Teoriya Resheniya Izobretatelskikh Zadach)을 의미하는 러시아어의 앞글자만을 따서 표기한 이름이다.

1926년 러시아(구 소비에트연방)의 타슈켄트에서 태어난 알트슐러는 13세

나이에 특허를 취득할 정도로 천재였다. 1946년에 해군에 입대하여 특허 부서에서 근무하게 되었다. 어느 날 선박 용접 부서에서 기술적인 문제를 해결해달라는 요청을 받아 어렵게 해결해주었다. 3개월 후 잠수함에서 발생한 문제에 관여하게 되었다. 이전에 해결한 선박 용접 부서의 문제와 근본적으로 동일하다는 사실을 알게 되어 쉽게 해결했다. 또 2개월 뒤에 구축함 함포에 발생한 문제해결에 참여하게 되었다. 이 문제 또한 이전에 해결한 2개의 문제와 근본적으로 동일하여 쉽게 해결했다. 이 사건들을 계기로 유사한 문제가 반복되는 것을 깨닫고 "문제해결에 공통적으로 적용할 원리가 있지 않을까?"라는 의문을 갖게 되었다. 이 질문에 대한 해답을 찾기 위해 러시아의 특허 20만 건을 수집하여 분석하였다.

기술자들이 고민하는 문제의 대부분은 이미 다른 산업 분야에서 해결된 문제이며 이에 대한 정보나 지식이 없기 때문에 매번 동일한 문제를 해결하기 위해 많은 시행착오를 겪는다는 것을 밝혔다. 특히 창의적으로 문제를 해결한 사례들 모두 한 가지 공통점이 있는데 그것은 바로 '모순'해결이었다는 사실을 알아내었다. 이후 자신의 동료와 제자들과 함께 전 세계 200만 건 이상의 특허를 분석하여 혁신적인 해결안에는 공통된 원리가 존재함을 확인하였으며, 이를 정리한 것이 '40가지 발명원리'와 '분리원리'이다.

2.2 트리즈의 기본개념

앞서 설명하였듯이 트리즈가 탄생한 배경은 문제를 해결하는 데 있어 시행착오를 줄이면서도 혁신적인 해결방안을 도출하는 규칙성을 밝히는 것이었다. 이런 규칙성을 활용하기 위해 많은 개념과 도구들을 개발하였고, 효율적이면서 효과적으로 창의적인 해결안에 접근하도록 도와주는 역할을 한다. 따라서 트리즈는 다음과 같은 방식으로 문제에 접근하여 해결한다.

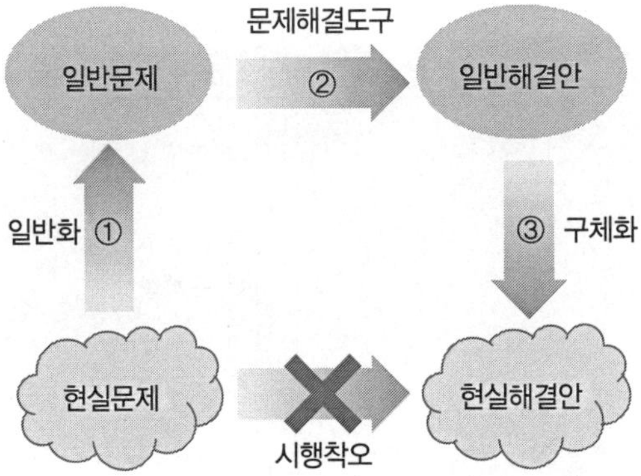

① 현실문제를 일반화해서 일반문제로 변환한다. 이때 트리즈는 모순 개념을 적용한다.

② 변환된 일반문제를 여러 가지 문제해결도구 중 적합한 도구를 적용하여 해결방안을 도출한다. 이때 트리즈는 분리원리, 발명원리, 표준해 등을 사용한다.

③ 도출된 해결방안을 현실문제에 적용한 방안으로 구체화한다. 이때 자신의 지식과 경험을 최대한 활용한다.

그림 7 ▮ 트리즈의 문제해결 접근방식

일반적으로 주어진 현실문제를 자신의 지식이나 경험을 활용해서 직접 해결하려고 시도하다 보면 많은 시행착오를 겪게 된다. 반면 트리즈는 [그림 7]과 같이 현실문제를 일반화해서 문제해결을 한 다음 도출한 해결방안을 구체화해서 현실문제에 적용하는 방식으로 접근한다. 어떻게 보면 우회한다고 생각할 수도 있지만 오히려 시간과 노력을 최소화한다.

예를 들어, [그림 8]처럼 $x^2-2x+6=0$이라는 문제를 푼다고 가정하자. 만약 이차방정식의 해법인 근의 공식을 모를 경우 x값에 숫자를 대입하면서 수많은 시행착오를 거쳐 답을 찾을 것이다. 하지만 문제가 이차방정식임을 알고 이차방정식의 해가 근의 공식임을 안다면 시행착오는 하지 않아도 된다. 주어진 문제를 이차방정식임을 아는 것은 트리즈에서 모순 개념과 동일하며 근의 공식을 활용하는 것은 다양한 트리즈 도구(분리원리, 발명원리, 자원분석 등)를 알고 적용하는 것과 같다.

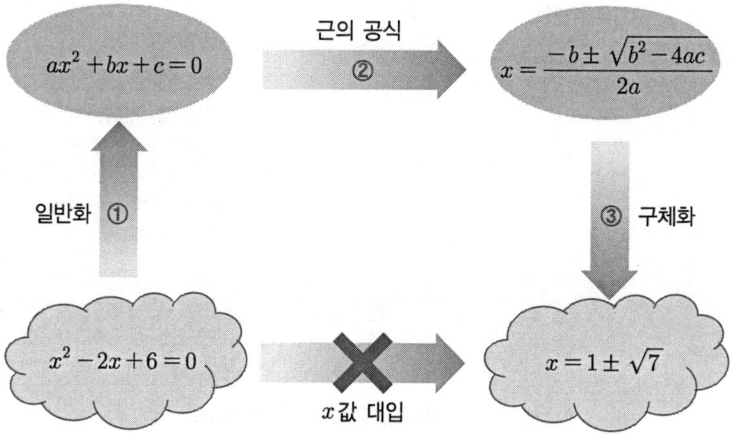

그림 8 ▌이차방정식의 해법

트리즈를 적용하여 문제를 해결할 경우 반드시 알아야 할 개념으로 모순, 이상적 해결안, 자원 등 세 가지가 있다.

1) 모순(Contradiction)

트리즈에서 가장 중요한 개념은 모순으로 문제해결의 방향과 열쇠를 제공해준다. 모순이란 동시에 만족시켜야 하는 2개의 상반되는 요구조건이 충돌하는 상황을 말한다. 어떤 요구를 선택하느냐에 따라 좋아지고 나빠지는 특성이 발생하여 보통 선택을 하지 못하고 갈등하게 된다.

모순의 어원은 중국 〈한비자〉의 이야기에서 유래되었다. 옛날 중국 초나라 시장에 창과 방패를 파는 상인이 있었다. 어느 날 상인이 “이 창은 무엇이든지 다 뚫는다.”라고 자랑하고 “이 방패는 어떤 창이든지 다 막는다.”라고 자랑하였다. 이 말을 듣던 행인이 “그럼 이 창으로 이 방패를 찌르면 어떻게 되느냐?”고 물었다. 그러자 상인은 아무런 대답을 하지 못하고 황급히 도망갔다고 한다. 이때 창(모, 矛)과 방패(순, 盾)를 가리켜 모순이라고 하고 서로 공존할 수 없는 상황을 의미하게 되었다. 특히 선택의 순간에서 어느 한쪽을 선택할 수 없는 이러지도 저러지도 못하는 상황을 가리켜 딜레마(Dilemma)라고 한다. 트리즈에서는 이런 딜레마 상황 속에는 반드시 모순이 존재하고 모순을 해결해야만 딜레마를 극복할 수 있다고 한다.

일반적으로 모순에 직면하면 회피하거나 타협하려는 경향이 있다. 예를 들어 옛날 학교 선생님들은 칠판에 판서한 내용을 지시하기 위해서 긴 막대를 많이 사용하였다. 수업할 때는 판서한 내용을 편하게 지시하려면 길어야 했기에 긴 막대를 주로 들고 다녔다. 하지만 휴대하기에는 너무 길어 들고 다니기 불편했다. 지시할 때는 길어야 하고 휴대할 때는 짧아야 하는 딜레마 상황이 발생한다. 이럴 때 절충안으로 적당한 길이의 막대를 사용하면 지시할 때나 휴대할 때나 모두 만족스런 결과를 얻지 못하는 소극적인 해결방안이 된다. 그렇다면 모순을 극복한 획기적인 방법은 무엇일까? 사용할 때는 길어지고 휴대할 때는 짧아지는 길이 조절용 지시봉이나 레이저를 사용한 포인터 등이 좋은 해결안이라고 할 수 있겠다. 이처럼 간단한 문제라도 모순을 찾고 이 모순을 극복할 때 혁신적인 해결안이 도출되는 것이다.

트리즈에서는 〈표 1〉에 제시된 사례들처럼 모순을 기술적 모순과 물리적 모순, 두 가지로 구분한다. 기술적 모순은 두 개의 특성 사이의 충돌을 의미하며, 물리적 모순은 두 개의 요구조건 사이의 충돌을 의미한다. 예를 들어 N사의 포털사이트의 첫 화면을 보면 많은 광고들이 게시되어 있다. 첫 화면에 많은 광고를 게시하면 사이트 입장에서는 많은 광고수익을 올릴 수 있지만 사용자 입장에서는 화면이 복잡해져 필요한 내용에 접근하는 데 많은 불편함이 발생한다. 이때 '광고수익'과 '사용자 편의성'이라는 특성이 충돌하는 것을 가리켜 '기술적 모순'이라 한다. 또한 '광고수익'이라는 특성을 위해서는 광고를 많이 해야 하지만 '사용자 편의성'이라는 특성을 위해서는 광고를 적게 해야 한다. 광고를 많이 하고 적게 하는 두 개의 요구조건이 발생하는데 이를 '물리적 모순'이라고 한다.

표 1 모순 사례

사례	기술적 모순	물리적 모순
편의점에서 품목이 많으면 고객의 만족도는 높아지지만 재고관리는 힘들어진다.	• 고객만족 • 재고관리	• 품목의 양이 많다. • 품목의 양이 적다.
성수기 때 매출증대를 위해서는 객실수가 많아야 하지만 비수기 때 공실로 인한 비용이 증가한다.	• 매출 • 비용절감	• 객실수가 많다. • 객실수가 적다.
공부시간을 늘리면 학업성적이 향상되지만 다양한 경험이 힘들어진다.	• 성적 • 경험	• 일하는 시간이 많다. • 일하는 시간이 적다.
대형 마트에 비치된 쇼핑카트는 많은 물건을 담으려면 커야 좋지만 많은 사람들 사이를 이동하기 불편해진다.	• 쇼핑 • 이동편의성	• 카트가 크다. • 카트가 작다.

여기서 기술적 모순은 물리적 모순이 발생한 두 개의 요구조건에 대해서 '목적'에 해당하고 반대로 물리적 모순은 기술적 모순, 즉 목적을 달성하기 위한 '수단'에 해당한다. 따라서 기술적 모순은 목적 간의 충돌이고 물리적 모순은 수단 간의 충돌이다. 그런데 목적은 수단이 실행되지 않는다면 현실적으로 충돌은 발생하지 않으므로 엄밀히 말하면 모순이라고 분류하기 어렵다. 그러므로 본 책에서는 물리적 모순만을 다룬다. 이하 본 책에서 모순이라 함은 물리적 모순을 지칭한다. 실제로 모순을 극복한 3가지 사례를 소개한다.

모순극복 사례

(1) 스타벅스커피 기프티콘

스타벅스(Starbucks)는 단순한 커피 가게가 아니라 커피문화를 파는 기업이다. 2006년 경기불황과 값싼 커피의 등장으로 스타벅스 매장의 입지가 좁아졌다. 불황을 극복하고 수익을 창출하려면 가격을 인하하거나 할인쿠폰을 통해 지속적으로 고객을 유지해야 하지만 이는 이윤을 낮추는 결과를 초래하기도 해서 장기적인 마케팅 전략은 아니다. 모든 기업이 고민하는 서비스 문제라 해도 지나치지 않는다. 어떻게 하면 이 문제를 해결할 수 있을까?

마케팅 측면에서 나타난 모순을 분석하면 〈표 2〉와 같다. 고객을 늘려 매출을 증대하기 위해서는 가격을 인하해야 하지만 이윤창출을 위해서는 기존 가격을 유지해야만 한다.

▌표 2▌스타벅스 사례의 모순

스타벅스 사례	기술적 모순	물리적 모순
고객을 늘려 매출을 증대하기 위해서는 가격을 인하해야 하지만 이윤이 줄어든다.	• 매출증대 • 이윤창출	• 가격을 인하한다. • 가격을 유지한다.

실제 스타벅스는 가격은 인하하지 않고 매출증대를 달성하는 방안을 마련하였다. SK텔레콤과 제휴하여 '기프티콘(Gifticon)'이라는 신상품 아이디어를 내놓은 것이다. 기프티콘은 선물을 의미하는 기프트(Gift)와 감정을 나타내는 이모티콘(Emoticon)의 합성어로 내가 친구에게 문자로 스타벅스 커피 선물을 보내면 친구가 이를 휴대폰에서 바코드로 내려받아 매장에서 커피를 마실 수 있는 서비스이다. 기프티콘을 받은 사람은 가까운 매장에 가서 바코드를 보여주면 실제 돈을 지불한 것처럼 인정이 되어 물건을 직접 받을 수 있다.

2006년 12월 선보인 뒤 재미와 경제성이라는 가치 덕분에 2007년부터 2008년까지 월 3억 원 정도의 추가 매출이 발생하였는데 이는 스타벅스 매장 4개를 신규 개설한 것과 같은 효과였다.[29] SK텔레콤은 2008년 3분기에 90만 명의 가입자를 모았고, 같은 해 아시아 모바일 시상식에서 최우수 모바일 인터넷 서비스상을 받았다. 두 기업이 기프티콘이라는 혁신적인 아이디어를 통해 상생하는 시너지효과를 얻었다. 지금은 많은 기업들이 활용하는 아이템이 되었다.

(2) 아모레퍼시픽 에어쿠션

2000년대 중반, 이미 많은 여성들은 자외선이 피부 건강에 좋지 않음은 물론 미용에도 좋지 않으므로 자외선을 막기 위해 자외선 차단제를 사계절 내내 수시로 덧발라야 했다. 완성된 메이크업 위에 몇 시간마다 자외선 차단제를 덧바

29) http://itnews.inews24.com/view/373669

르는 일은 매우 번거로웠다. 기존의 자외선 차단제는 대개 가격 대비 용량 면에서 비교적 좋은 튜브 용기를 사용한다. 이는 필요할 때마다 손에 짜서 사용하기에 피부에 바른 후에는 손을 씻어야 하는 번거로움이 발생했다. 또한 늘 가지고 다녀야 하는 용도에 비해 튜브의 부피가 커서 휴대성도 떨어졌다.

표 3 자외선 차단제 사례의 모순

자외선 차단제 사례	기술적 모순	물리적 모순
피부를 보호하기 위해서는 자외선 차단제를 발라야 하지만 튜브형 차단제는 사용하기에 불편하다.	• 피부보호 • 사용편의성	• 튜브용기가 크다. • 튜브용기가 작다.

아모레퍼시픽 기술연구원은 언제 어디서나 덧바를 수 있으면서 기존의 메이크업을 보완해주는 자외선 차단제에 주목했다. 문제해결을 위해 갖가지 기술들을 총동원한 가운데 액체가 흐르지 않고 균일하게 찍히는 '주차 확인 스탬프'에서 아이디어를 얻었다. 점도가 낮은 자외선 차단제의 내용물을 80여 만 개의 구멍을 가진 발포 우레탄 폼에 담았다. 이것이 바로 2008년 3월 국내 최초로 출시한 아모레 퍼시픽의 '아이오페 에어쿠션'이다.

한 리서치 전문업체의 조사 결과(2015년)에 따르면 주 타깃층인 20~30대 여성의 79%가 쿠션 제품을 사용해 본 적이 있으며, 61%가 현재 이를 사용 중인 것으로 나타났다. 20~30대 여성은 BB크림(60%)보다 쿠션(61%)을 더 많이 사용한다고 답했으며, 쿠션 사용 후 메이크업 시간이 기존 13분에서 7분으로 단축되었다고 답했다.[30]

(3) 무한도전가요제 댄스음악 갈등문제

MBC 〈무한도전〉은 인기 있는 장수 예능 프로그램이었다. 프로그램의 한 꼭지로 2년에 한 번씩 진행하는 정기 프로젝트인 무한도전 가요제를 개최하였다. 다섯 번째 개최인 2015년 무한도전 가요제에 짝꿍으로 참가한 박진영과

30) http://www.sisaweek.com/news/articleView.html?idxno=91395

유재석은 음악적 취향을 두고 갈등을 빚었다. 댄스의 박자를 나타내는 BPM (Beats Per Minute, 음악 속도를 숫자로 표현한 것. 숫자가 클수록 빠름)을 두고 유재석은 130BPM, 박진영은 110BPM을 선호했다. 유재석은 댄스의 흥을 느끼기 위해서는 박자가 빨라야 한다고 주장하고 박진영은 음악의 그루브(Groove)를 느끼려면 박자가 느려야 한다고 주장한 것이다.[31]

▌표 4▐ 댄스음악 사례의 모순

댄스음악 박자 사례	기술적 모순	물리적 모순
댄스의 흥을 느끼기 위해서는 130BPM이어야 하지만 음악의 그루브를 제대로 느끼려면 110BPM이어야 한다.	• 댄스 흥 • 댄스 그루브	• 130BPM • 110BPM

박진영은 유재석의 뜻을 나름대로 반영한 절충안인 122BPM 노래 〈Bomb Bomb Bomb〉을 소개했지만 유재석은 130BPM을 고집하며 만족하지 못했다. 이 후 5차례 시도를 통해 획기적인 해결안을 제시하였다. 박자를 쪼개서 유재석에게 착청(템포가 빠른 것처럼 들리게)을 발생시켜 극적인 합의에 이르렀다. 그 음악이 바로 〈I'm so sexy〉라는 노래이다. 두 사람의 취향을 모두 만족시켰을 뿐만 아니라 훨씬 더 대중적인 음악이 만들어졌다.

2) 이상적 해결책(Ideal Final Result)

트리즈의 이상적 해결안은 문제해결의 방향성을 제시해주는 중요한 개념이다. 주어진 문제 상황에서 한정된 자원을 활용하여 도달해야 될 목표를 제시하고 새로운 질문을 통해 기존의 틀을 극복하도록 도와준다. 이상적 해결안은 모순에 의해 도출되는데 어떤 모순인지에 따라 다르게 기술된다.

앞의 포털사이트 예제에서 광고의 양이란 모순으로 이상적 해결안을 기술한다면, "광고수익을 위해서는 광고를 많이 하고 사용자 편의성을 위해서는 광고

31) https://www.youtube.com/watch?v=5mjVoVV1NPQ

를 적게 한다."라고 표현할 수 있다.

또한 이렇게 선정한 이상적 해결안의 조건을 만족하며 현실문제에 실제로 적용할 구체적인 해결안은 유용한 기능은 최대한 높이고 유해한 기능은 최소화하는 해결안이어야 한다. 유용한 기능이란 시스템을 사용할 때 필요로 했던 기능을 말하며 유해한 기능은 의도치 않은 기능뿐만 아니라 시스템을 구성해서 사용하는 데 들어간 비용까지 포함한다. 이를 수식으로 표현하면 다음과 같이 이상성이 높은 해결안을 이상적 해결안이라고 정의할 수 있다.

$$\uparrow \text{이상성} = \frac{\text{유용한 기능} \uparrow}{\text{유해한 기능(비용 포함)} \downarrow}$$

모든 시스템은 이상적인 해결안으로 문제를 해결하며 이상성을 높이는 방향, 즉 이상적인 시스템으로 진화한다. 이를 트리즈에서는 '이상성 증가 법칙'이라고 칭한다. 이상성 증가 법칙에 따르면 시스템은 필요한 기능은 수행하면서도 시스템 존재 자체는 궁극적으로 사라져 버린다. 가령 화폐에 대해 생각해보자. 화폐의 기능은 구매한 상품에 대한 돈을 결제하는 것이다. 화폐의 기능을 수행하는 시스템의 발전을 보면 금에서 현금으로, 현금에서 신용카드로, 신용카드에서 전자결제로, 전자결제에서 전자화폐로 발전하고 있다. 결제의 기능은 수행하면서 화폐의 기능을 수행하는 매개체는 존재가 바뀌면서 점점 사라지는 경향을 보인다.

실제 트리즈를 적용하여 이상적인 해결안을 도입한 시스템의 사례 1가지를 살펴보자.[32] 홈바를 처음 도입한 D사의 냉장고를 보면 [그림 9]와 같이 4개의 링크를 사용한 구조로 되어있다. 이와 다르게 L사의 홈바는 [그림 10]과 같이 안쪽에 홈을 파 2개의 링크가 움직일 수 있게 만들었다.

32) 생각의 창의성 TRIZ, 김효준, 지혜, 2004

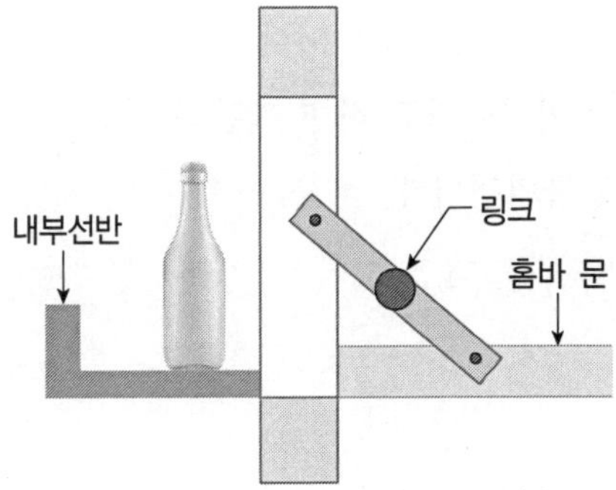

그림 9 ▮ D사 냉장고 홈바

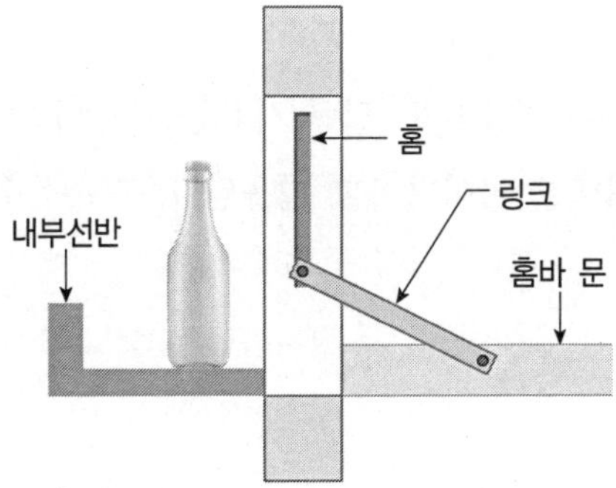

그림 10 ▮ L사의 냉장고 홈바

반면에 S사는 이 문제를 해결하기 위해 트리즈 전문가의 도움을 받아 [그림 11]과 같이 링크 자체를 없애고 링크의 기능을 홈바 문이 하도록 설계하여 이상성을 크게 향상시켰다. [그림 12]와 같이 링크라는 요소 자체를 없애 비용을 절감했을 뿐만 아니라 홈바 문이 60kg의 무게까지 지탱하는 기능도 여전히 잘 수행한다.

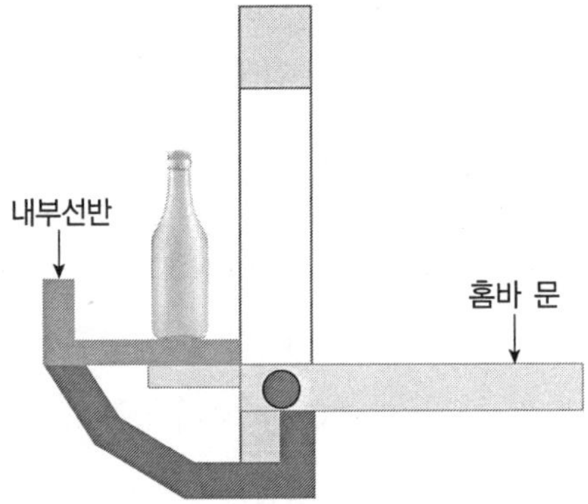

그림 11 ▮ S사의 냉장고 홈바 구조

그림 12 ▮ S사의 냉장고 홈바

트리즈 전문가가 아이디어를 발표하던 당시에 이런 질문이 제기되었다고 한다. "이것은 너무나 간단한 아이디어이지 않은가? 그냥 우연히 생각하고 트리즈로 포장한 것 아닌가?" 어쩌면 당연하게 떠오르는 질문이었다. 이에 대한 대답으로 트리즈 전문가는 다음과 같이 말했다. "그럼 그렇게 간단한 아이디어를 여태 생각하지 못했나? 그것이 창의성의 본질이다." 이 얼마나 아이러니한 질문과 대답인가. 일반 사람들은 창의적인 아이디어라고 하면 대단히 거창하고 위대한 아이디어를 떠올린다. 단순할수록 창의적이다.

3) 자원

이상적인 해결안을 찾으려면 문제해결에 필요한 자원을 잘 선택해야 한다. 자원이라는 것이 어떤 의미인지 이해하기 위해서 먼저 한 가지 사례를 살펴보자.

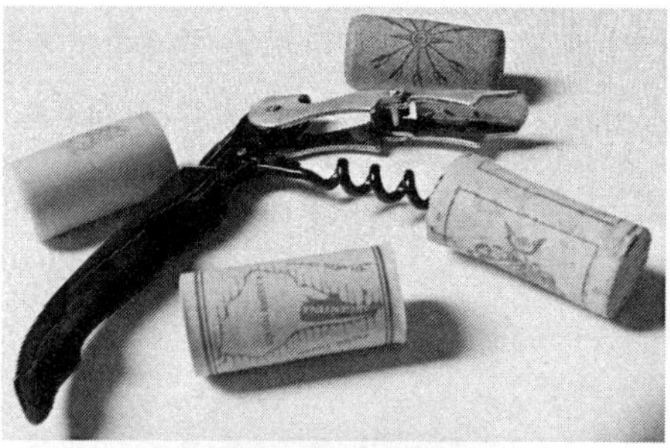

그림 13 ▌와인 오프너

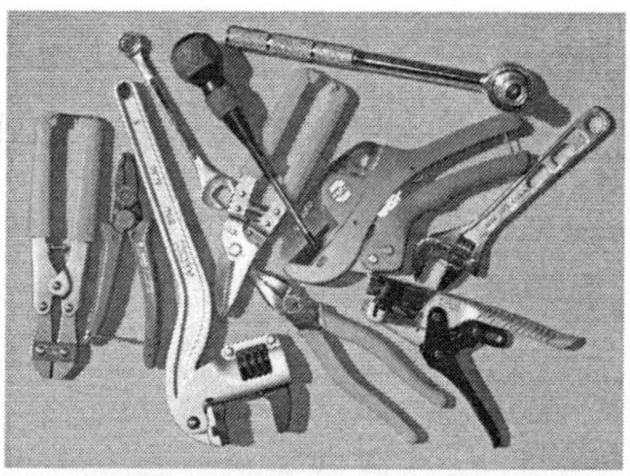

그림 14 ▌집에 있는 공구들

최근 우리나라에서도 와인을 좋아하는 인구가 많이 늘어났다. 여러분도 가끔 와인을 마시려다 와인 오프너가 없어 고생한 적이 있을 것이다. [그림 13]과 같은 오프너 대신에 와인 코르크 마개를 따겠다고 [그림 14]와 같은 공구란 공구들을 다 꺼내 시도하느라 온 집안을 들쑤셔놓기도 했다. 더욱이 공구도 없는 야외라면 대략난감인 상황이다. 이럴 때 좋은 방법이 없을까?

가장 놀라우면서도 간단한 방법은 [그림 15]와 같이 구두 뒤축에 와인병을 넣고 한 손으로는 구두 앞을 쥐고 다른 손은 와인 주둥이를 쥔 다음 벽에다가 구두 뒤축을 쾅쾅 때리는 것이다. 충격으로 인한 와인병 내부 압력의 증가로 때릴 때마다 코르크 마개가 조금씩 나오게 된다. 그 외에도 다양한 방법들이 있다.[33] 신기하지만 과학적인 방법이 아닐 수 없다. 주변에서 구할 수 있는

33) https://www.youtube.com/shorts/u6uKvc7qn3M

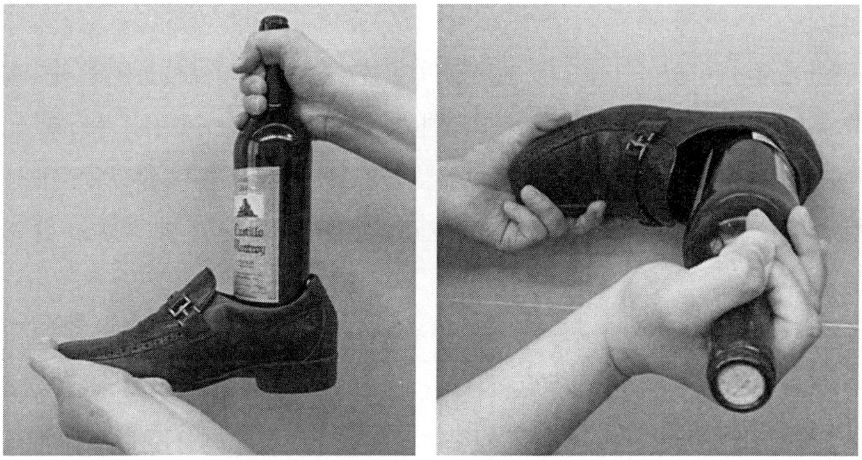

그림 15 ▌ 구두로 와인 마개를 따는 방법

자원을 활용하여 정말 어렵다고 생각되는 문제를 해결한 사례이다. 이처럼 인간은 도구를 활용할 줄 아는 동물이다. 그러므로 창의적인 사람은 누구나 가능하다.

가장 이상적인 자원은 비용이 거의 들지 않는 자원이다. 외부 자원을 도입하기에 앞서 우선 고려해야 할 대상으로는 크게 기존 자원과 쉽게 구할 수 있는 자원으로 구분할 수 있다.

(1) 기존 자원

첫 번째 고려해야 할 자원은 바로 기존에 사용된 자원이다. 추가적인 비용이 발생하지 않기 때문이다. 그런데 보통 기존의 자원을 활용하지 못하고 새로운 자원을 투입하려고 한다. 이는 기존 자원에 대한 고정관념 때문에 생각의 틀을 벗어나기 어렵다.

한때 "All is well."이라는 명대사로 유명해진 인도 영화가 있다. 2009년 제작된 인도 영화 〈세 얼간이(3 Idiots)〉이다. 인도의 명문대학을 배경으로 세 학생이 공부하면서 벌어지는 일을 재미있고 의미 있게 그려낸 명작이다. 이 영화의 한 장면 중에 대학 총장이 하나의 펜을 보여주며 신입생들에게 동기부여를 하

는 장면이 나온다.[34)]

"이건 우주비행사의 펜이다. 만년필이나 볼펜은 우주 밖에서 사용할 수 없다. 그래서 과학자들은 이 펜을 발명하기 위하여 수백만 달러를 투자했다. 이 펜은 능력의 상징이다. 내가 학생 때 총장님이 나에게 주며 말했다. '너처럼 뛰어난 학생을 만나면 펜을 전해주게.' 그러나 32년 동안 줄 사람을 찾지 못했다."

이때 주인공 란초가 질문을 던진다. "우주 밖에서 사용할 수 없다면 우주비행사들은 왜 연필을 안 썼죠?"

실제로 미국 NASA가 처음 우주비행사를 우주로 보냈을 때 무중력 상태에서는 볼펜이 써지지 않는다는 사실을 발견했다. 이 문제를 해결하기 위해 10년의 세월 동안 120억 달러의 비용을 들여 볼펜을 개발했다. 무중력에서도, 위아래가 바뀌어도, 물속에서도, 어는 점보다 낮은 온도에서도, 300도가 넘는 뜨거운 곳에서도 사용할 수 있다. 한편 러시아는 연필을 사용했다. (참고로 나중에 밝혀진 사실이지만 연필을 사용하다 부러질 경우 부러진 작은 연필심이 우주선 내부 시설에 들어가 작동을 멈추게 할 수도 있고, 아폴로 1호의 화재사건이 발생한 이후 연필심 성분인 흑연가루가 인화성 물질이기 때문에 화재로 인한 심각한 피해를 끼칠 수 있어 사용을 금지했다고 한다.)

이를 미국의 심리학자 에이브러햄 매슬로우(Abraham Maslow)는 "망치를 잡으면 모든 것이 못으로 보인다(If all you have is a hammer, everything looks like a nail.)."라는 '망치증후군'으로 설명하였다.[35)] 어떤 문제이든 자신이 알고 있는 지식과 기술들을 사용해서 해결하고자 하는 경향을 말해준다. 달리 말하면 지식의 고정관념이라고 하겠다.

(2) 쉽게 획득 가능한 외부자원

이미 있는 자원을 사용하기 어렵다면 외부자원 중에서 쉽게 구할 수 있는

34) https://www.youtube.com/watch?v=klX5XNDIl8w

35) 행동을 디자인하다, 마쓰무라 나오히로, 로고폴리스, 2017

자원을 우선 고려한다. 예를 들어 공기, 바람, 물, 흙 등으로 우리 주변에서 거의 공짜로 구할 수 있는 자원도 이상적인 자원이다.

(3) 외부자원

앞의 자원들을 구할 수 없다면 되도록 유해한 기능이 적은 자원부터 검토할 수밖에 없다. 외부 자원도 단점이 없는 100% 완벽한 자원이 아니므로 도입 시 부작용이 적은 자원부터 고려해야 한다. 또한 부작용이 존재한다면 반드시 제거할 방법도 함께 고민해야 한다. 더 나아가 해로운 자원을 역으로 잘 이용한다면 오히려 훌륭한 자원이 되기도 한다.

2.3 Simple TRIZ

문제해결을 위해 여러 가지 기법들이 소개되고 있다. 절차 없이 간단하게 자유로운 발상을 권장하는 브레인스토밍에서부터 비전형적인 문제를 풀기 위해 아주 복잡한 아리즈(ARIZ) 85C까지 다양하게 존재한다.[36)]

트리즈는 문제해결을 위한 강력한 도구지만, 처음 접하는 이들에게는 어려울 수 있다. 특허를 분석하여 나온 기법이어서 개념과 내용도 어렵고 적용 분야도 기술적 문제에 편중된 경향이 강하다. 또한 문제해결에 다양한 도구를 사용하다 보니 개념과 도구를 배우는 데 많은 시간과 노력이 필요하다. 그런데 트리즈는 시행착오를 줄이기 위한 효율성과 문제해결 아이디어의 질을 높이기 위한 효과성, 모두를 충족시키려고 한다. 문제해결 아이디어의 방향은 정하되 구체적 해결안은 다양하게 나오도록 접근한다. 그래서 강력하다.

[그림 16] (a)와 같이 시행착오를 비롯한 일반적인 문제해결기법은 해결안에 대한 방향성이 없어 어디로 향하는지 모르는 채 해결안을 찾아 많은 시행착오

---

36) ARIZ, 창조적 사고훈련 알고리즘, 김정선, 마이구루, 2013

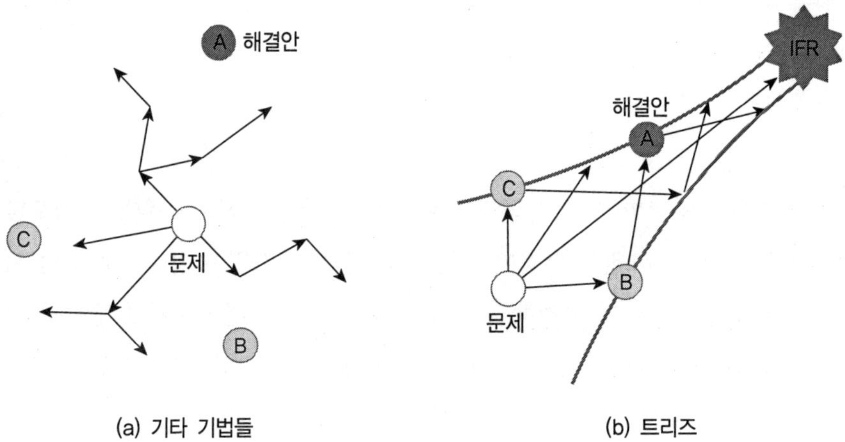

그림 16 ▌문제해결기법 비교

를 겪는다. 반면에 트리즈는 (b)와 같이 모순을 통해 이상적인 해결안(IFR: Ideal Final Result)의 방향을 정한 다음 이상성이 높은 해결안을 효율적으로 찾아나간다. 따라서 시행착오를 크게 줄일 뿐 아니라 이상성이 높은 효과적인 해결안을 찾는다.

이에 본 책에서는 쉽게 배우고 비기술적 문제에 적용할 수 있는 간단한 트리즈 기법을 소개하고자 한다. 몇 가지 기본 개념과 몇 가지 원리를 기본으로 하여 복잡한 절차를 거치지 않고도 문제를 창의적으로 해결할 수 있다. 이름하여 'Simple TRIZ'이다.

Simple TRIZ는 [그림 17]과 같이 5단계로 이루어진다. 첫 단계인 문제 발견 단계는 문제를 정의하는 단계로서 어떤 상황에서 문제가 발생하였는지를 파악하는 가장 중요한 단계이다. 두 번째 단계는 문제를 일으키는 원인들을 분석한 후 근본원인을 찾는 근본원인 분석 단계이다. 세 번째 단계는 근본원인 속에 내재되어 있는 모순을 찾아내는 모순 도출 단계이다. 네 번째 단계는 도출한 모순을 극복하기 위한 이상적인 해결 방향을 설정하는 이상적 해결안 도출 단계이다. 마지막으로 다섯 번째 단계는 이상적 해결안에 도달하기 위한 구체적인 방향을 잡아주는 실행 해결안 도출 단계이다.

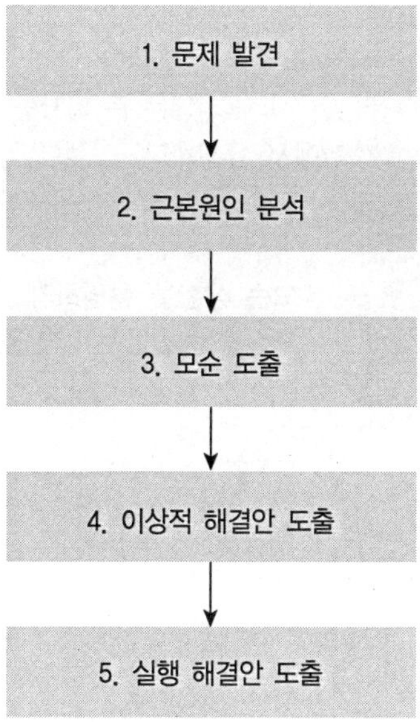

그림 17 ‖ Simple TRIZ

여기서 제안하는 절차는 트리즈의 기본적인 개념은 반영하되 최소한의 절차만을 따르도록 구성하였다. 물론 이 절차도 주어진 문제의 상황에 따라 절차를 늘려갈 수도 있다. 각 단계별로 활용할 수 있는 다양한 기법들이 시중에 많이 소개되어 있지만 본 책에서는 서비스 문제해결에 적합한 간단하면서도 강력한 도구를 위주로 소개한다. 각 기법에 대한 자세한 내용은 이 후 각 장에서 각 단계를 소개하면서 설명한다.

기본실습문제 피자 문제

피자 가게는 큰 피자를 많이 파는 것이 매출 면에서 유리하다. 고객 입장에서는 다양한 종류의 피자를 즐기려면 작은 크기의 피자가 좋다.

- 모순 상황을 설명하라.
- 모순을 해결하는 방안을 설명하라.

풀이

기본실습문제 **촛불 문제**

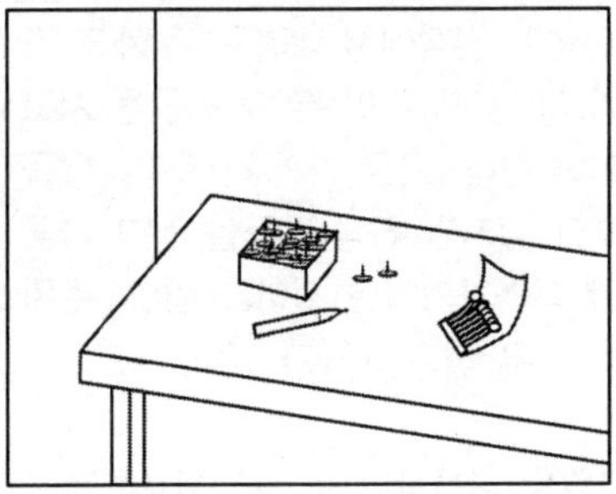

책상 위에 초, 압정이 든 통, 성냥이 있다. 이 물건들을 이용하여 초를 벽에 붙이되 촛농이 테이블에 떨어지지 않도록 해야 한다.

[출처] Glucksberg and Weisberg, 1966

- **자원을 이용하여 문제를 해결하라.**

풀이

기본실습문제 **두 개의 끈 문제**

빈방에 천장에서 내려온 두 개의 끈이 있다. 문제는 이 두 개의 끈을 서로 묶어야 한다. 끈은 거의 바닥까지 닿을 정도로 길지만 하나의 끈을 잡고 다른 끈에 다가가기에는 길이가 짧다. 주위에는 나무 의자 하나가 있다.

- **자원을 이용하여 문제를 해결하라.**

풀이

CHAPTER

03

문제 발견

Chapter

< 03 >

문제 발견

좋은 아이디어를 찾기 위해서는 좋은 해결안을 찾는 것보다 좋은 문제를 찾는 것이 더 중요하다. 먼저 문제란 무엇인지부터 알아보자. 일반적으로 문제(Problem)란 원하지 않는 결과를 말한다. 원하는 기대치(목표)가 있는데 그 상태에 도달하지 못한 결과를 보인 현재 상황을 문제라고 한다. 예를 들어 공무원 시험에 불합격하였다고 하자. 공무원 시험에 합격하는 것이 원하는 기대인데 불합격한 상태가 현재 상황으로 그 차이가 원하지 않는 결과로 표현되는 '문제'가 된다. 따라서 불합격한 현재 상태를 어떻게 하면 합격한 상태로 만들 것인가가 '문제해결'의 핵심이 된다.

특히 좋은 문제란 나만의 문제가 아니라 나를 포함하여 현재 많은 사람들이

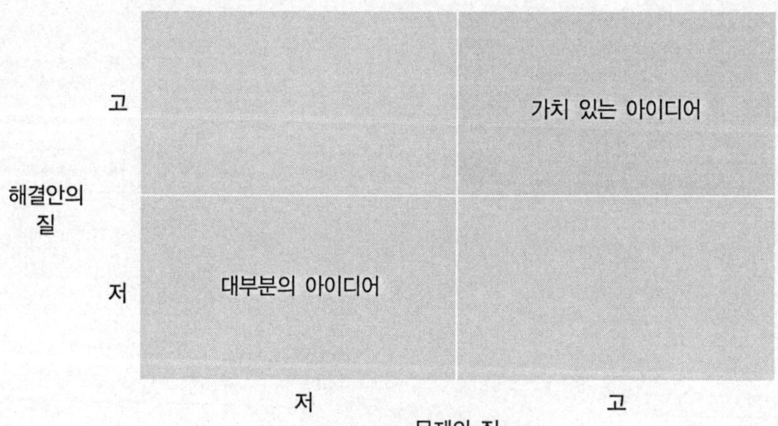

그림 18 ▌가치 있는 아이디어

고민하는 문제이다. 특히 경영의 관점에서 많은 소비자가 자주 고민하는 중요한 문제를 해결하는 것이 가치가 있다. 이런 인식이 문제의식이며 이로부터 문제해결이 시작된다. 따라서 좋은 아이디어란 [그림 18]처럼 현재 소비자들이 중요하게 생각하는 문제를 창의적으로 해결하는 가치 있는 아이디어를 말한다.

이와 대비되는 대표적인 실패 사례로 세그웨이 발명품을 들 수 있다.[37] 발명가 딘 카멘이 2001년 ABC방송에 출연해 공개하면서 1인용 모빌리티 시대를 열었다. 주차 걱정 없이 어디든지 갈 수 있고 전기를 이용한 친환경이라는 장점 때문에 스티브 잡스와 제프 배조스도 혁명적인 제품이라고 극찬했다. 그러나 대중의 인기를 얻는 데는 실패했다. 심지어 2009년 〈타임〉지 선정 '가장 실패한 10대 기술'에도 선정되었다. 기술적으로 뛰어났지만 소비자의 문제를 해결하지 못했기 때문이다. 소비자들이 왜 이 제품을 필요로 하며 어떤 문제를 해결하는 데 써야 할지 이해하지 못했다. 게다가 출시 당시 가격은 4,950달러로 너무 비쌌고, 무게도 47.7Kg으로 너무 무거웠다. 지금 현재는 개인 모빌리티 시대를 연 새로운 기술임에도 불구하고 당시에는 대중적인 소비로 연결되지는 못했다. 안타깝게도 문제 우선이 아닌 해결안 우선, 기술 우선, 제품 우선으로 접근했기 때문이다.

파괴적 혁신 이론의 클레이튼 크리스텐슨 교수는 고객은 제품이나 서비스를 구매하는 것이 아니라 일상의 무언가의 '발전'을 가져오기 위해 제품이나 서비스를 '고용'한다고 맥도날드 밀크셰이크 사례를 들어 설명했다.[38] 이때 고객의 일상 속에서 발전을 가져다주기 위해 해결하는 과업을 바로 '해결과제(Job to be done)'라고 정의했다.

밀크셰이크는 오늘의 맥도날드를 있게 한 시그니처 메뉴였다. 2000년대 초반 판매량을 늘리기 위해 고객을 세분화하고 설문조사와 인터뷰를 진행했고, 그 결과를 바탕으로 제품을 개선하며 막대한 홍보를 진행했다. 그러나 판매량

37) https://www.youtube.com/watch?v=iFAU3WsC_ds

38) 일의 언어: 새로운 미래를 발견하는 문제 인식의 틀, 클레이튼 크리스텐슨 · 캐런 딜론 외, 알에이치코리아, 2017

은 늘지 않았다. 맥도날드는 다른 접근이 필요하다고 판단하여 크리스텐슨 교수에게 자문을 구했다. 크리스텐슨 교수 일행은 며칠간 하루 18시간씩 매장에서서 고객들을 관찰했다. 조사 결과, 전체 판매량의 40% 이상이 오전 아홉시 이전에 팔리는 것으로 나타났다. 고객들은 주로 혼자 오는 성인 남성이었고, 매번 하나만 샀다. 이들 고객에게 질문을 던졌다. "무엇을 하려고 밀크셰이크를 샀는가?", "지금 같은 상황에서 밀크셰이크 말고 다른 제품을 산 적이 있는가?" 아침 일찍 매장에 오는 고객들은 모두 동일한 공통점을 가지고 있었다. 직장까지 길고 지루한 자동차 출근길에 허기를 달래줄 것이 필요했다. 아직은 배가 고프지 않지만 두 시간쯤 지나면 허기질 배를 채워줄 뭔가를 찾고 있었다. 밀크셰이크 대신에 바나나도 먹었지만 1분 만에 먹어버리기 때문에 금세 배가 고파졌다. 도넛과 베이글도 먹어보았지만 부스러기가 떨어지고 손에 묻어서 운전하는 데 방해가 되었다. 또한 커피도 마셔보았지만 너무 빨리 마시기 때문에 허기를 달래기 어려웠다. 그런데 밀크셰이크는 걸쭉한 데다가 빨대로 마시다 보니 상당한 시간이 걸렸다. 9~13세 아이들이 고객층이라고 판단하여 대대적인 마케팅을 했는데 전혀 소용이 없었던 이유가 여기에 있었다. 또 다른 고객층이 존재했고 이들 고객은 어린이 고객층과는 전혀 다른 문제를 해결할 용도로 밀크셰이크를 구매 아닌 '고용'하고 있었던 것이다. 즉 문제를 우선하지 않고 해결안에 먼저 접근했던 것이 판매 부진의 원인이었다. 이 사례를 통해 크리스텐슨 교수가 강조하는 것은 고객은 어떤 일을 행하기 위해 제품이나 서비스를 구매한다는 사실을 기억해야 한다는 것이다.

가치 있는 아이디어를 찾기 위해서는 문제의 질을 높인 후 해결안의 질을 높여야 한다. 따라서 가장 먼저 주력해야 할 일은 해결할 가치가 있는 문제를 찾는 일이다. 크리스텐슨 교수는 가치가 있는 문제를 찾는 방법으로 5가지를 소개하고 있다.

3.1 문제를 발견하는 5가지 방법

1) 생활 속에서 해결과제를 발견하기

자신의 생활 속에서 미해결 상태로 있는 일, 즉 해결과제를 발견한다. 해결과제란 고객이 풀어야 할 문제나 달성하고자 하는 업무라고 생각하면 된다. 마케팅의 대가 테드 레빗 교수는 "사람들이 원하는 것은 4분의 1인치 드릴이 아니라 4분의 1인치 구멍이다."라는 유명한 말을 했다. 즉 드릴은 목표를 위한 수단일 뿐이다. 고객이 해결하고자 하는 문제는 바로 그 구멍인 것이다.

1장에서 언급했던 힙캠프 사례를 다시 보자. 창업자 앨리사 라바시오는 5시간 동안 인터넷을 뒤져 캘리포니아 빅서(Big Sur)로 캠핑을 갔는데 서핑보드를 가져오지 못한 아쉬움이 커서 캠핑 정보를 제공하는 힙캠프를 창업했다. 제대로 된 캠핑 정보를 제공하는 사이트가 없어서 아쉬웠던 자신이 겪은 문제를 발견한 것이다.

해결과제를 찾으려면 제일 먼저 고객이 생활하면서 부딪히는 문제를 이해해야 한다. 상황이나 맥락을 발견해 정의하는 것은 특히 중요하다. 최대한 상세하게 묘사할수록 도움이 된다. 예를 들어 비행기를 타고 뉴스를 접하는 것과 집에서 TV를 통해 뉴스를 접하는 것은 근본적으로 다르다. 집에서 음악을 듣는 것과 카페에서 음악을 듣는 것은 각각 다른 행동이다. 같은 음악을 듣더라도 듣는 상황과 맥락이 달라지면 전혀 다른 행위가 된다. 다시 말해 상황과 맥락은 해결안을 찾는 행위와 찾은 해결안을 어떻게 평가할 것인가에 큰 영향을 미친다. 고객의 경험을 중시하는 기업은 이런 과정이 더 중요하다.

해결과제 개념을 권하는 이유는 잠재시장에서 큰 사업 기회를 발견할 수 있기 때문이다. 다음과 같은 3개의 질문에 대한 대답이 모두 '예'라고 나온다면 새로운 해결안이 절실하게 필요한 영역을 찾은 것이다.[39]

---

39) 파괴적 혁신 실행 매뉴얼, 스콧 앤서니 · 마크 존슨 · 조셉 신필드 · 엘리자베스 알트먼, 옥당, 2011

① (중요성) 해결과제가 고객에 중요한가?

② (빈도) 해결과제가 자주 일어나는가?

③ (기존 방법의 짜증과 불만) 현재 방법으로 해결과제를 처리하기에 짜증과 불만을 많이 느끼는가?

〈표 5〉는 세 가지 평가항목을 점수로 환산하는 평가표이다. 위의 3개 질문에 대한 대답을 5점 척도로 평가하는데 총점은 (①+②)×③으로 계산한다. 총점 계산식을 보면 ③번 항목을 곱하기로 계산하여 ①번과 ②번에 비해 비중이 높다. 만약에 ①번과 ②번의 질문에 점수가 높고 ③번의 질문에 점수가 낮게 나오면 좀 더 신중을 기해야 한다. 해결과제가 아무리 중요하더라도 고객이 현재 해결방안에 만족하고 있다면 지금의 해결안을 바꾸기가 매우 어렵다. 아무리 창의적인 해결안을 고객에게 제시하더라도 그 해결과제 자체가 별로 중요하지 않기에 소비하지 않는 사람들이 존재한다는 것을 명심해야 한다. 마치 세그웨이 사례처럼 말이다.

▌표 5▐ 해결과제 평가표

평가 항목	평가 내용	점수 (1점~5점)
① 중요도	고객에게 얼마나 중요한가?	
② 발생빈도	고객에게 얼마나 자주 발생하는가?	
③ 짜증 및 불만	현재 해결안이 고객에게 얼마나 짜증 및 불만을 일으키는가?	
총점	계산: (①+②)×③	

2) 무소비에서 기회 찾기

무소비란 자신의 할 일을 흡족하게 해내는 방안을 발견하지 못해 아무것도 하지 않기로 결정한 것을 말한다. 소비를 하지 않았기에 기존의 데이터에는 나타나지 않고 어디를 살펴봐야 할지 알지도 못한다. 이는 기존 제품이나 서비스의 개선 및 확장에 단초를 제공할 뿐 아니라 때로 혁신의 기회를 제공한다.

일반적으로 소비를 제약하는 요인에는 기술적인 요인, 경제적인 요인, 접근성, 시간 등 4가지가 있다. 첫째, 기술적인 요인은 종종 필요한 기술을 찾지 못해 소비하지 못하는 경우를 말한다. 이때 문제를 해결해줄 전문가를 찾아가거나 그럴 수 없을 경우 그냥 포기한다. 이에 대한 사례가 킴벌리클라크의 요실금 제품이다. 킴벌리클라크의 디펜드 제품은 이미 성인 요실금 시장에서 엄청난 시장점유율을 확보하고 있었다. 그런데 노인들을 위한 기저귀 제품이 었지만 정작 노인들은 부끄러움에 기저귀를 '고용'하지 않았다. 오히려 사교생활을 포기해 버렸다. 그래서 성인용 기저귀와 전혀 닮지 않고 성인용 내의처럼 보이지 않는 제품을 개발하기 시작했다. 마침내 새로운 소재와 기술을 개발하여 정상적인 내의처럼 보이는 제품을 만들었다. 제품 출시 첫해에 6천만 달러의 매출을 올렸고 2년 차에는 30% 성장을 기록했다. 이는 기존 제품의 시장점유율에 전혀 피해를 주지 않으며 이미 성숙한 시장에서 새로운 성장을 제공했다.

둘째, 경제적인 요인으로 제품이나 서비스를 누릴 경제력이 없어서 포기하는 경우이다. 대표적인 예로는 스탠퍼드대학교의 디자인 스쿨에서 제작한 Embrace Infant Warmer를 들 수 있다. 매년 1백만 명 이상의 아기가 출생일에 사망하는데 이 사망자 중 98%는 개발도상국에서 태어났다. 이를 해결하기 위해 고민한 결과 비싼 인큐베이터가 없어 저체온증으로 인해 신생아가 사망한다는 원인을 발견하였다. 그래서 기존 인큐베이터 가격의 1% 수준의 비용으로 Embrace Infant Warmer를 만들어 보급함으로써 신생아 사망을 예방하였다. 일반적으로 많은 개발도상국에는 돈이 없어 소비하지 못하는 사람들이 많다. 이러한 사람들은 상대적으로 적정기술로 개발한 제품이 존재한다면 이를 소비할 가능성이 매우 높다.

셋째, 접근성의 요인이다. 특정 제품이나 서비스를 소비할 때, 특정 공간이나 환경에서만 소비가 일어나는 경우가 있다. 예를 들어 DVD 대여점이던 넷플릭스는 현재 세계 1위 동영상 스트리밍 회사가 되었다. 이는 비디오가 있는 공간에서만 가능했던 VOD 시청을 언제 어디서든 가능하도록 온라인 스트리밍 서비스로 제공하였기 때문이다. 즉 상품의 특성을 바꾸는 대신 상품이 전달되는 방식을 바꾼 것이다.

넷째, 시간의 제약이다. 제품이나 서비스를 사용할 능력이 있음에도 번거롭고 시간을 허비한다는 이유로 소비하지 않는 경우이다. 대표적인 사례로 당근마켓이 있다. 중고거래시장이 활성화됨에도 불구하고 택배거래로 인한 불신 때문에 포기해야 했던 중고거래가 자기 주변의 사람과 직거래를 통해 시간과 공간의 제약을 극복함으로써 다시 활성화되었다.

3) 차선책이나 보상적 행동에서 기회 찾기

해결과제에 대한 기존의 해결안에 불만을 느끼고 있는 고객들 중 스스로 해결안을 찾는 고객들이 있다. 이는 또 다른 이노베이션의 기회이다. 해결과제에 대한 충족이 이루어지면 우리의 고객으로 발길을 돌릴 잠재고객이기 때문이다. 예를 들어 식당을 예약해놓고 나타나지 않는 노쇼(No-show, 예약부도)는 2가지 심각한 문제를 야기한다. 식당 주인 입장에서는 예약된 테이블을 놀려야 하고 고객 입장에서는 정작 그 식당에 진짜 가고 싶은 손님들은 포기해야 한다. 이 2가지 문제를 동시에 해결한 스타트업이 있다. 바로 온라인 식당 예약 서비스를 제공하는 레지(Resy) 스타트업이다.[40] 2014년 뉴욕에서 창업해서 앱출시 2년 만에 가입자 100만 명, 1,000개 제휴 레스토랑 이용객이 매달 140만 명에 이른다. 비결은 예약비를 받고 별도의 테이블을 미리 확보해놓고 VIP 대접을 제공하는 것이다. 노쇼를 하면 예약비를 돌려받을 수 없지만 그만큼 가치를 제공함으로써 노쇼에 대한 피해를 줄이고 있다.

---

40) https://www.ttimes.co.kr/article/2017030214337761580.

4) 부정적인 일에서 기회 찾기

적극적으로 하고 싶은 일 못지않게 하고 싶지 않은 일도 매우 많다. 이러한 부정적인 일을 예방하고 발생했을 경우 대신해주는 것 역시 혁신의 기회가 된다. 예를 들어 성병이나 질염이 의심되면 보통 두 번 병원에 가야 한다. 검사하러 한 번, 처방받으러 한 번. 이런 번거로운 일을 한 번에 해결한 스타트업이 있다. 심지어 비대면 처방과 약 배송까지 가능하다. 여성의 불편함을 해소하기 위해 운영하는 체킷(CheKit)이라는 서비스이다. 스타트업 (주)쓰리제이는 미국이나 유럽에서는 국가 차원에서 지원되고 있는 서비스가 한국에는 없는 것을 확인하고 의료인 멤버가 한 명도 없이 2020년에 설립한 회사이다. 아무래도 20~30대 젊은 여성이 성병으로 인한 병원 검사를 좋아하는 사람은 없다. 성병 검사과정도 매우 굴욕적이어서 다시는 경험하고 싶지 않다고 한다. 이에 코로나 검사처럼 간단한 키트 하나로 해결했다. 검체를 체취해서 앱을 통해 수거 신청하면, 우체국 택배를 통해 검체를 전문 수탁기관으로 전달한다. 검사가 완료되면 의사한테 진료를 신청하고 화상 또는 전화로 원격진료를 할 수 있다. 처방전은 소비자가 지정한 약국으로 병원에서 보내주고 진료비와 검사비는 앱을 통해 결제된다. 이런 편리함 때문에 사용자가 급증하고 있다.[41]

5) 이례적 용도에서 기회 찾기

고객이 제품을 활용하는 방식을 관찰하면 새로운 할 일을 발견할 수 있다. 제품의 속성 범주가 아닌 고객의 해결과제 관점에서 시장을 이해한다면 시장의 방향과 규모는 변한다. 대표적인 사례가 암앤해머의 베이킹소다이다. 빵을 굽는 용도로 처음 개발된 이 브랜드는 현재 해결과제 관점에서 청소, 구강 청결 등 다양한 범주의 제품을 제공한다. 이런 일들은 오래전부터 있어왔다. 3M에서 개발한 포스트잇은 눈에 띄는 곳에 잠시 붙여놓는 메모지이다. 원래 목적

41) https://www.ttimes.co.kr/article/2022110317447710955

은 더 강력한 접착제를 개발하기 위함이었다. 용해되지 않을뿐더러 일부러 녹일 수도 없는 매우 특이한 성질을 지닌 접착제였지만 그런 성질로 인해 접착력이 약해 끈적거리지 않는 접착제가 되었다. 우연찮게 책 사이에 끼워둔 종이를 어떻게 하면 떨어지지 않게 할까 고민하다 실패한 접착제를 떠올려 상품으로 개발하였다. 또한 협심증 치료제로 연구개발되던 중에 발기개선효과를 보이면서 결국 세계 최초의 경구용 발기부전 치료제로 탄생한 '비아그라'도 대표적인 사례이다. 이처럼 창의적 아이디어는 새로운 분야와의 연결을 통해 새롭게 탄생하게 된다. 제품이나 소비자의 범주가 아니라 고객의 해결과제 관점에서 시장구조를 이해한다면 이전에는 전혀 성장이 불가능했던 시장에서도 성장 잠재력을 발견할 수 있다.

3.2 문제 상황 분석

문제를 발견하였다면 이제 문제 상황을 구체적으로 파악해야 한다. 문제 상황을 파악하는 다양한 방법이 있지만 본 책에서는 간단하면서도 강력한 KT 분석법을 설명한다.

KT 분석법은 미국의 정치, 외교, 군사정책 전문 연구소인 랜드코퍼레이션에서 근무하던 케프너(Charles H. Kepner)와 트리고(Benjamin B. Tregoe)가 고안한 도구로서 성의 앞글자만 따서 붙인 이름이다. KT 분석법은 〈표 6〉과 같이 4가지 차원의 질문을 던지면서 문제 상황을 구체적이면서 명확하게 파악한다. 자세히 보면 5W1H에서 Why와 How가 빠져 있는데 Why는 다음 2단계인 근본원인 분석에서 진행하며 How는 아이디어 도출 단계(3단계~5단계)에서 진행한다. 구체적인 내용은 3.3절의 예제를 따라가며 설명한다.

▌표 6 ▌KT 분석법에 의한 문제 상황 분석

차원	질문	구체적인 내용
Who	누가 문제에 직면했나?	문제 속의 주체를 설명한다.
When	언제 발생했나?	문제가 발생하는 시간을 설명한다.
Where	어디서 발생했나?	문제가 발생하는 공간을 설명한다.
What	무엇이 불편했나?	문제의 내용을 설명한다.

3.3 예제 따라가기

예제 비닐테이프 문제

코로나 팬데믹으로 인해 택배 이용이 증가했다. 그만큼 포장 쓰레기도 늘어났다. 종이박스는 분리배출만 잘하면 재활용할 수 있다. 문제는 비닐테이프이다. [그림 19] 처럼 거의 모든 택배상자는 넓고 두꺼운 테이프(박스테이프)를 사용하여 밀봉을 하고 있다. 간혹 박스를 보호하려고 비닐테이프로 네 귀퉁이를 도배하기도 하여 비닐을 떼어내 종이박스를 분리하기란 보통 일이 아니다. 실제 분리수거장에 수북하게 쌓인 종이류를 보면, 박스에 비닐테이프가 붙어있는 상태로 내어놓는 경우가 다반사이다. 어떻게 하면 비닐테이프를 용이하게 제거할까?

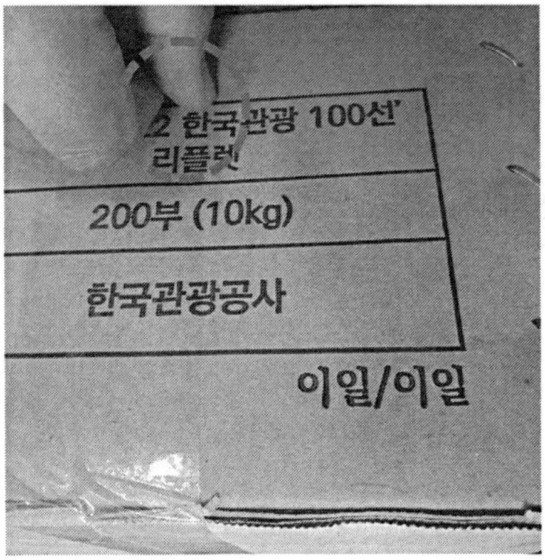

그림 19 ▌비닐테이프 제거

[문제 발견 단계]

• 먼저 수집한 정보를 토대로 문제 상황을 KT 분석법에 따라 구체적으로 기술한다.

차원	질문	구체적인 내용
누가(Who)	누가 문제에 직면했나?	택배상자의 비닐을 뜯으려고 하는 사람이
언제(When)	언제 발생했나?	비닐테이프를 뜯을 때
어디서(Where)	어디서 발생했나?	비닐테이프가 붙은 부분에서
무엇(What)	무엇이 불편했나?	비닐테이프를 뜯기가 어렵다.

• 다음으로 문제 상황에 대해 핵심 내용만을 한 문장으로 기술한다.
  - 상자를 풀려는 사람이 비닐테이프를 뜯기가 힘들다.

기본실습문제 화장실 거울 문제

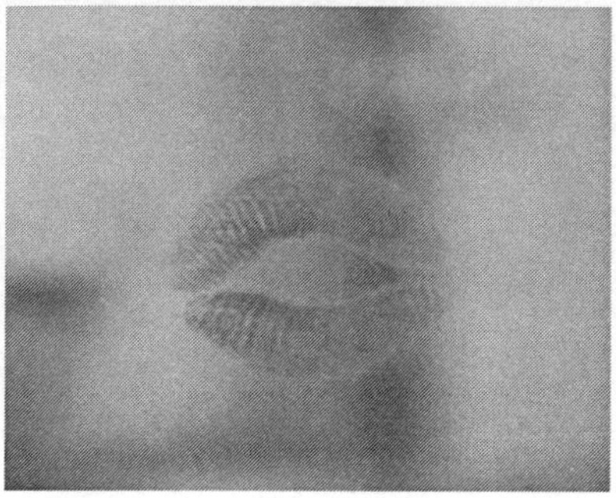

여학생 화장실 거울에 립스틱을 바른 입술 자국이 여러 개 찍혀 있었다. 한 여학생이 장난삼아 거울에 입술을 찍자 이를 본 다른 여학생들도 덩달아서 거울에 입술 자국을 낸 것이다. 매일 지워도 계속해서 거울에 찍히는 입술 자국 때문에 거울을 닦는 아줌마의 스트레스는 날이 갈수록 커져갔다. 이 문제를 어떻게 해결할 수 있을까?

• KT 분석법으로 문제 상황을 분석하라.

풀이

기본실습문제 축구 프리킥 거리 문제

축구 경기에서 가장 짜증나게 하는 것 중 하나는 프리킥을 차려는 순간이다. 벽을 쌓고 있던 수비수들이 조금이라도 공 쪽으로 다가가려다 심판이 휘슬을 불고, 뒤로 떠다밀고, 다시 차게 한다. 심판이 경고카드를 꺼내들고 하다보면, 경기가 지연된다.

• KT 분석법으로 문제 상황을 분석하라.

풀이

CHAPTER

04

근본원인 분석

Chapter

< 04 >

근본원인 분석

"어느 일요일 아침 지하철을 탔다. 휴일인데 의외로 조용하고 평화로운 분위기였다. 어떤 역에서 한 중년 남자와 그의 아이들이 지하철을 탔다. 아이들은 마구 떠들며 뛰어다녔다. 소리를 질러대고 물건을 집어던지며 심지어 승객이 보고 있던 신문을 홱 낚아채기도 하였다. 여간 신경이 거슬리는 것이 아니었다.

그러나 아이들의 아버지인 그 중년남자는 그 상황을 방관한 채 바로 내 옆에서 눈을 감고 앉아 있었다. 아이들이 저렇게 날뛰는데도 아무런 제재도 하지 않고 전혀 책임감을 보이지는 않는 것을 도저히 이해할 수 없었다. 모든 승객이 짜증을 내고 있었다. 화를 내지 않고는 더 이상 견디기 어려웠다. 나는 그 중년남자에게 이렇게 말했다. "선생님, 아이들이 저렇게 많은 승객들에게 폐를 끼치고 있습니다. 어떻게 아이들을 좀 조용하게 할 수는 없겠습니까?"

그제야 이 남자는 눈을 뜨며 힘없이 말하였다. "그렇군요. 저도 뭔가 어떻게 해봐야겠다고 생각했습니다. 그런데 지금 막 병원에서 오는 길인데 한 시간 전에 저 아이들의 엄마가 죽었습니다. 저는 앞이 캄캄해서 무엇을 어떻게 해야 할지 모르겠고 아이들 역시 이 일을 어떻게 해야 될지 막막한 것 같습니다."

그 순간 갑자기 상황이 다르게 보이기 시작했고, 그 때문에 다르게 생각하고 느끼게 되었고, 다르게 행동하기 시작했다. 화가 나던 내 마음은 온통 동정심과 측은한 마음으로 넘쳤다. "부인이 돌아가셨다고요? 저런 안됐습니다. 뭐라고 위로해야 할지 할 말이 없습니다."

모든 것이 순식간에 바뀌었다."

스티븐 코비 박사의 〈성공하는 사람들의 7가지 습관〉이라는 책에 나오는 이야기이다. 이 내용은 우리가 주변에서 겪을 수 있는 일상적인 일이다. 그러나 그것은 평범하지 않다. 왜냐하면 현상이 문제가 아니라 우리가 문제를 바라보고 해결하려는 사고방식 자체가 문제임을 일깨워주기 때문이다.

모든 결과에는 반드시 원인이 있는데 특히 원하지 않는 결과, 즉 문제가 나타난 상황에는 근본적인 원인을 밝혀내는 것이 중요하다. 근본원인을 해결하지 않고 임시방편으로 땜질을 했을 경우에는 같은 문제가 매번 반복해서 발생한다. 〈업스트림(*Upstream*)〉의 저자 댄 히스는 문제는 반복되지 않도록 근본적으로 해결하는 것이 중요하다고 주장했다.[42]

저자는 업스트림의 사례로 1억 달러를 아낀 웹사이트 익스피디아를 소개한다. 2012년 여행 전문 웹사이트 익스피디아는 회사 콜센터의 문제를 발견했다. 고객 중의 58%가 콜센터에 도움을 요청했다. 온라인 웹사이트의 장점은 셀프서비스인데 직접 일을 처리하지 않고 콜센터에서 처리를 한다는 것이다. 그러나 근본적인 원인은 "왜 콜센터로 전화하는 고객이 많을까?"이다. 고객이 도움을 요청하는 원인을 정리하니 주로 여행 일정표를 얻기 위한 것이었다. 이런 경우 보통은 고객의 전화를 받은 뒤 누락된 일정표와 관련한 불만을 처리하는 것으로 대응한다. 2012년 한 해에만 2천만 통이 왔다. 이를 비용으로 환산하면 1억 달러라고 한다. 그렇다면 왜 일정표를 받지 못했을까? 이유는 간단했다. 이메일 주소를 잘못 입력했기 때문이다. 이에 회사는 음성안내시스템에 일정표와 관련한 자동응답을 추가하고, 이메일 발송방식을 변경해 일정표가 스팸메일로 분류되지 않도록 했더니 2천만 통의 전화가 사라졌다.

그런데 일반적으로 문제는 반복되고 근본원인은 해결되지 않는 것일까. 원인은 터널링(Tunneling)증후군에 있다. 사람들이 돈이나 시간, 다른 정신적 문제에서 부족함을 경험할 때 터널 속에서 불빛이 보이는 앞만 향해 직진하듯이 원인보다 해결안에 집중한다. 단기적으로 사고하고 반응하게 만들기 때문이다. 따라서 문제를 시스템 차원에서 생각할 수 있도록 하여 터널을 탈출하도록

42) 업스트림, 댄 히스, 웅진지식하우스, 2021

도와주는 것이 필요하다.

이제 근본원인을 체계적으로 분석하는 방법에 대해 알아보자. KT 분석법에서 빠진 'Why'라는 질문을 통해 인과관계를 파악하는 기법에 대해 살펴본다. 여기서는 가장 기본적인 기법인 5Why와 이를 좀 더 체계화한 로직트리(Logic Tree)에 대해 알아본다.

4.1 5Why

많은 사람들은 문제에 직면하면 터널증후군으로 인해 왜(Why)보다 어떻게(How)에 집중하는 경향이 있다. '왜'와 '어떻게'가 얼핏 보면 같아 보이지만 엄청난 차이가 있다. 5Why 기법은 문제의 원인을 찾기 위해 계속해서 'Why'라는 질문을 던지는 것을 말한다. 5는 큰 의미는 없고 연속적으로 Why를 질문해 나가면서 문제의 근본원인에 다가가는 것을 의미한다. '왜'가 왜 그렇게 중요한지 대표적인 한 가지 사례를 통해 알아보자.

오래전 미국 워싱턴주에 위치한 제퍼슨기념관은 한 가지 심각한 문제를 가지고 있었다. 그동안 관광객들은 건물관리가 부실하여 기념관이 훼손되었다고 불만을 터뜨렸다. 제퍼슨기념관의 벽이 심하게 부식되고 있었던 것이다. 유지보수 작업이 불가피했다.

이제 '왜'를 반복해 질문하면서 근본원인을 찾아가 보자. 이 과정을 요약하면 [그림 20]과 같다.

첫 번째, 왜 외벽이 부식되고 있는가? 1943년에 설립된 낡은 건물이기에 시기상 보수할 때가 되기도 했다. 그런데 돌로 된 벽이 왜 부식되고 있는지 원인을 파악하는 과정에서 뜻밖의 사실을 발견했다. 벽을 너무 자주 청소하기 때문이라는 것이다. 일단 원인을 발견했다면 당장 이 원인을 해결하기 위해 "화학약품을 변경한다.", "청소하는 횟수를 줄인다." 또는 "관광객들에게 협조를 요

1. (질문) 왜 외벽이 부식되고 있는가?
   (대답) 너무 청소를 자주 하기 때문이다.

↓

2. (질문) 왜 청소를 자주 하는가?
   (대답) 비둘기 배설물이 많기 때문이다.

↓

3. (질문) 왜 비둘기 배설물이 많은가?
   (대답) 거미가 많기 때문이다.

↓

4. (질문) 왜 거미가 많은가?
   (대답) 나방이 많기 때문이다.

↓

5. (질문) 왜 나방이 많은가?
   (대답) 실내 전등을 일찍 켜기 때문이다.

↓

6. (질문) 왜 실내 전등을 일찍 켜는가?
   (대답) 야간 관광 랜드마크 효과를 위해서이다.

그림 20 ▌제퍼슨기념관 사례에 대한 5Why

청한다."든지 다양한 해결안을 제시하려고 할 것이다. 그런데 여기서 터널증후군을 극복하려면 왜라는 질문을 또 던져야 한다.

두 번째, 왜 청소를 자주 하는가? 이에 대한 대답은 비둘기들의 배설물이 많이 묻어 있기 때문이다. 여기서도 마찬가지로 비둘기에 집중하지 말고 다시 왜라는 질문을 던진다.

세 번째, 왜 비둘기 배설물이 많은가? 비둘기들이 거미를 잡아먹기 위해 몰려오기 때문이다. 여기서도 거미들을 없애기 위해 살충제를 뿌리는 등의 해결안을 제시하려는 유혹을 느낄 수 있다. 그래도 다시 왜라는 질문을 던진다.

네 번째, 왜 거미들이 많은가? 큰 나방들이 많아 거미가 꼬이는 것이다. 결국 벌레들이 문제라고 판단하여 또 살충제로 나방을 모두 없애는 해결안을 제시할 수 있다. 그래도 다시 왜라는 질문을 던진다.

다섯 번째, 왜 그토록 나방들이 많을까? 이에 대한 대답은 실내 전등을 주변보다 일찍 켜기 때문이다. 해질녘 무렵 기념관의 불빛이 나방들을 끌어 모았던 것이다. 다시 왜라는 질문을 던진다.

여섯 번째, 왜 실내 전등을 일찍 켜는가? 이에 대한 대답은 기념관을 야간관광의 랜드마크로 홍보하여 야간 관광객을 확보하기 위해서이다. 여기까지 6번의 왜라는 질문을 던졌는데 6번째 대답은 앞의 5번의 대답과는 다르다. 앞의 5번의 대답은 "~하기 때문이다."라고 답변했지만 6번째 대답은 "~하기 위해서이다"라고 답변했다. 이는 이유를 답하는 것과 목적을 답하는 것의 차이이다. 6번째 대답의 내용을 분석해보면, 목적을 위해서 취한 행동이기 때문에 이는 행동을 변경할 수 있다는 것이다. 따라서 우리가 통제 가능한 근본원인을 찾았고 목적을 달성하면서도 통제 가능한 해결안도 찾을 수 있다. 선택 가능한 해법들에 대해 생각한 뒤 실행에 옮기면 된다.

실제로 기념관에서 실행한 방안은 기념관의 전등을 2시간 늦게 켜는 것이다. 나방들이 모이는 시간대에 불을 켜지 않으면 나방들을 모으지 않는다. 나방들이 모이지 않으면 거미도 없고, 거미가 없으면 비둘기들 역시 몰려들지 않고, 비둘기가 없으면 결국 기념관의 외벽에 비둘기들의 배설물도 없을 것이다. 이렇게 하면 전기료마저 줄일 수 있을 뿐만 아니라 성급했던 다른 해결안들에 들어갈 비용과 시간을 절약할 수 있고 또 다른 문제들도 야기되지 않을 것이다. 그러므로 5Why가 진행되는 과정에서 근본적인 원인을 찾아내는 이유가 여기에 있다고 하겠다.

4.2 로직트리(Logic Tree)

로직트리는 원하지 않는 결과, 즉 문제 상황을 발생시키는 원인들을 인과관계로 분석하여 논리적으로 전개하는 기법이다. 이를 통해 문제 상황을 원인과 결과의 관계를 논리적으로 이해하고 근본원인이 되는 요인을 발견하며 핵심모순을 파악할 수가 있다. 로직트리의 장점은 인과관계의 구조가 도식화되어 이해하기 편함은 물론 모순이 발생하는 상황을 파악하는 데 있다.

로직트리는 [그림 21]과 같이 어떤 상황을 원인과 결과의 관점에서 논리(Logic)적으로 분석하고 나무(Tree) 형태로 구조화한다. 로직트리는 어떤 결과에 대한 다양한 원인들을 파악하고 분류해 나가는데 이때 원인들을 나열할 때 중복 없이(Mutually Exclusive) 그리고 누락 없이(Collectively Exhaustive) 체계화하는 것이 중요하다. 이를 약자로 MECE라고 한다.

로직트리상에서 [그림 22]와 같이 중복과 누락된 부분이 없으려면 각 수준을 구분하는 기준이 명확해야 하며 동일한 수준을 구성하는 각각의 항목들이 서

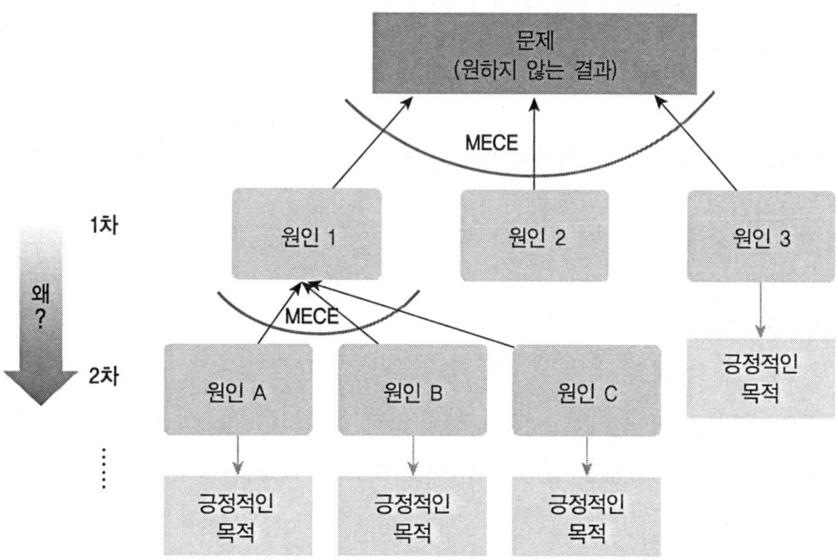

그림 21 ‖ 로직트리

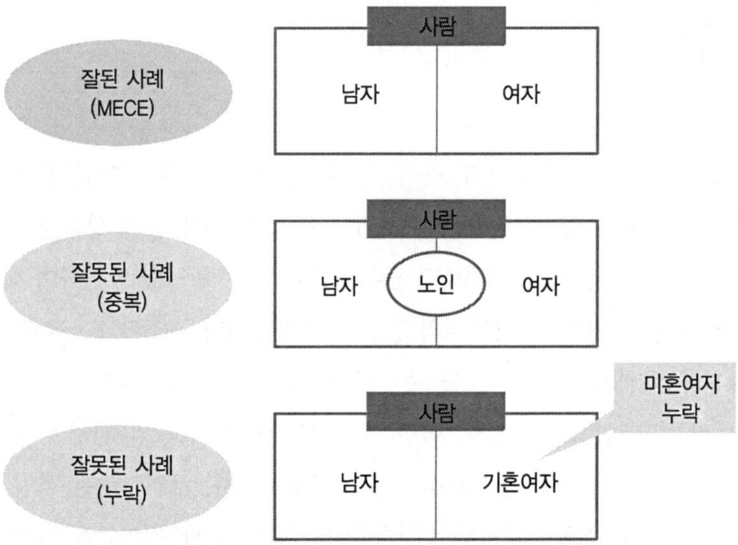

그림 22 ▌MECE의 잘된 사례와 잘못된 사례

로 대립되게 구분되어야 한다. 명확한 기준을 선정하는 방법에는 여러 가지가 있지만 비즈니스 문제의 원인을 찾는 Why Tree일 경우는 문제 상황과 연관된 요소들로 구분하는 것이 좋다.

로직트리를 이용하여 근본원인 분석을 하는 절차는 다음과 같은 단계로 이루어진다.

1 로직트리 최상위에 원하지 않는 결과, 즉 문제 상황을 기술한 한 문장을 작성한다.

2 1차 원인을 정의한다.[43)]

1차 원인들을 찾을 때 문제 상황과 연관된 대상(객체)에게 구체적인 질문을 던진다. "어떤 대상의 어떤 특성이 현재 어떤 상태이기 때문에 이런 문제가 발생하였을까?"라는 질문을 해보는 것이다. 이를 통해 원하지 않는 결과를 발생

---

43) 트리즈씽킹, 신정호, 와우팩토리, 2021

시킨 원인에 대해 구체적으로 기술할 수 있다.

원인들을 기술할 때 MECE 조건을 반드시 충족시켜야 함은 물론 그 외에 몇 가지 주의할 점이 있다. 첫 번째로 "어떤 대상이 어떤 상태이기 때문이다."라고 기술하는데 되도록 구체적인 상태를 기술하지 못하는 단어(형용사나 부사)는 사용하지 않는 것이 좋다. 두 번째는 통제가 가능한 사실만을 기술하여야 한다. 통제가 불가한 사실은 문제해결을 위한 아이디어 도출에 전혀 의미가 없기 때문이다. 사람보다는 사물, 자연물보다는 인공물을 대상으로 기술하는 편이 낫다. 세 번째는 검증이 가능한 사실만을 나열하여야 한다. 주관적인 판단이나 추측은 반드시 배제되어야 한다.

3 하위 원인을 정의한다.

1차 원인들을 파악하였다면 각각의 1차 원인들에 대해 2차, 3차 하위 원인들을 파악하는 작업을 반복하여 진행한다. 하위 원인들을 깊이 파악하여 갈 때 그 깊이는 보통 5번 정도를 추천하는데 도중에 '~ 하기 위해서'라는 긍정적인 목적(또는 이유)이 도출되면 여기서 중단한다.

4.3 넛지(Nudge)

근본원인 분석 후에 여러 가지 원인들 중에서 어떤 원인을 선택하느냐에 따라 [그림 23]처럼 다양한 해결방안이 가능하다. 사물 중심으로 해결할 것인지 사람 중심으로 해결할 것인지에 따라 해결방안이 달라진다. 제퍼슨기념관 사례처럼 행동을 중심으로 접근하여 해결하는 간단한 방법이 있는데 이를 '넛지(Nudge)'라고 한다. 이에 대해 간략하게 소개한다.

넛지란 사전적 의미로 "상대방을 (팔꿈치로) 살짝 건드린다."는 뜻인데 부드러운 개입으로 사람의 선택을 유도하는 것을 말한다. 가장 많이 알려진 대표적

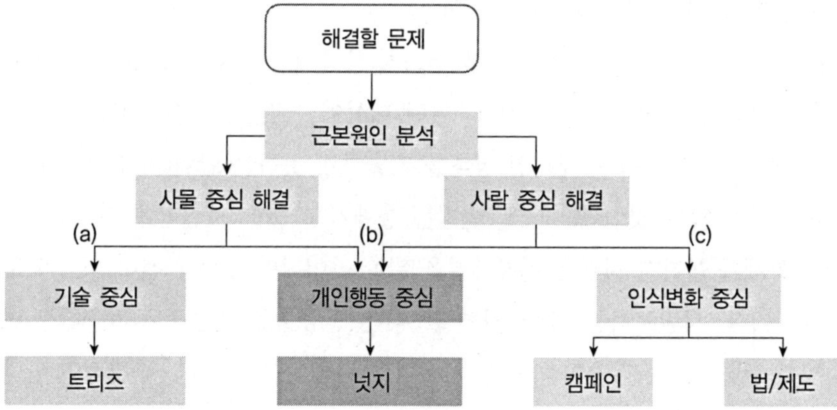

그림 23 ▌문제해결 방향

인 사례는 [그림 24]와 같이 파리가 그려진 소변기이다. 암스테르담 스키폴(Schiphol) 공항 남자화장실의 모든 소변기에는 중앙 부분에 검정색 파리가 그려져 있다. 대개 남자들은 볼일을 볼 때 조준을 별로 신경 쓰지 않아 소변기 주변이 더러워지기 십상이다. 이를 해결하기 위해 소변기에 파리를 그렸더니 소변기 밖으로 튀는 소변의 양이 80%나 감소되었다고 한다.[44]

그림 24 ▌파리가 그려진 소변기

44) 넛지: 복잡한 세상에서 똑똑한 선택을 이끄는 힘, 리처드 탈러 · 캐스 선스타인, 리더스북, 2022

이 외에도 다양한 넛지 사례들이 있다.

(1) 세균 스탬프

2013년 필리핀 농촌학교에서 콜레라, 장티푸스 등 세균이 퍼지자 손 위생을 시행하기 위해 손바닥에 세균 모양의 스탬프 도장을 찍기 시작했다. 아이들은 이 도장을 지우기 위해 자주 손을 씻었고 질병으로 결석하는 아이들이 절반으로 줄었다.

(2) 세금을 독려하는 법

미국 미네소타주에서 세금을 독려하는 방법으로 "세금을 내지 않으면 처벌을 받게 됩니다."라고 했을 때보다 "이미 미네소타 주민의 90% 이상이 납세의무를 이행했습니다."라고 안내문을 보냈을 때 자진 납세 효과가 훨씬 컸다.

(3) 교통사고 잦은 도로

시카고 당국은 곡선구간이 많아 사고가 매우 잦은 레이크쇼어 도로에 커브구간에 진입하는 지점부터 흰 선을 가로로 그었다. 커브에 가까이 갈수록 선의 간격이 점점 좁아지도록 해 운전자들이 커브를 돌 때 속도가 높아진다는 착각이 들도록 유도했다. 이후 교통사고가 36% 감소했다.

(4) 피아노 계단

폴크스바겐이 스웨덴 스톡홀름의 지하철역 계단을 피아노 건반처럼 만들어 계단을 밟을 때마다 소리가 나도록 했다. 이는 에스컬레이터 이용을 줄이기 위한 캠페인으로 말로만 하는 구호나 홍보활동보다 계단 이용률이 66% 증가했다.

(5) 희망 비누

남아프리카공화국 빈민가의 아이들이 손 씻기만으로도 장티푸스, 콜레라 등 질병을 예방할 수 있다는 점에 착안하여 2013년 한 비영리기관에서 손 씻기

캠페인을 벌였다. 아이들의 자발적인 손 씻기를 유도하기 위해 투명한 비누 안에 장난감을 집어넣었다. 아이들은 그 장난감을 꺼내기 위해 자주 손을 씻게 되었고 이후 질병 발병이 70% 감소했다.

넛지의 대표적인 성공 사례인 파리가 그려진 소변기 사례를 가지고 근본원인 분석에 따른 다양한 해결방안에 대해 알아보자.45) 남자화장실의 소변기 주변은 소변이 튀어 지저분해진다. 대개 남자들은 볼일을 볼 때 조준을 별로 신경 쓰지 않아 소변기 주변이 더러워지기 십상이다. 그러면 뒤에 이용하는 사람들뿐만 아니라 청소하는 사람들도 불편해진다. 이때 문제 상황을 어떤 요소를 중심으로 분석하는가에 따라 [그림 25]와 같이 3가지 경우가 발생한다. (a)는 소변기가 소변을 제대로 받지 못하는 것이 원인이라고 파악하는 것이고, (b)는 사용자가 소변을 제대로 보지 못한다고 파악하는 것이며, (c)는 사용자, 즉 변기를 더럽히는 사람 의식에 원인이 있다고 파악하는 것이다.

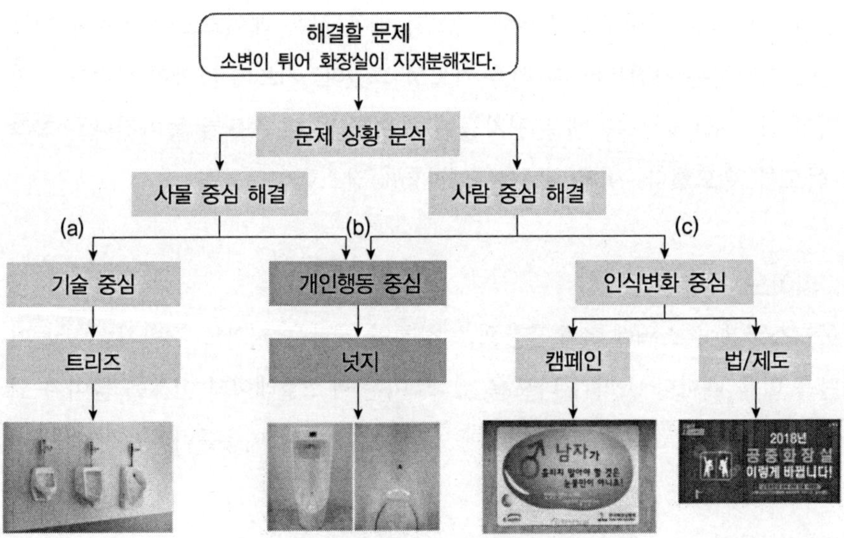

그림 25 ▌넛지와 트리즈의 문제해결 방향

45) "넛지에 대한 트리즈 분석과 활용", 송창룡, 지식경영연구, 2020, Vol.21, No.4, pp.21~40

(a)처럼 소변기 중심으로 문제해결을 하고자 하는 방법이 트리즈의 관점이고, (b)처럼 사람의 행동에 초점을 두고 해결하는 방법이 넛지의 관점이며, (c)처럼 사람의 인식변화에 초점을 두는 방법이 캠페인, 심리학적인 접근방법 또는 법이나 제도를 통해 해결하는 관점이다.

먼저 (c) 방향의 해결방안으로는 "소변기에 가까이 가주세요.", "남자가 흘리지 말아야 할 것은 눈물만이 아닙니다." 등 소변기 사용에 대한 경각심을 알리는 구호나 캠페인 방식이 있다. 또는 강제성을 부여하여 법이나 제도를 마련하여 처벌이나 강제적 조치를 취하기도 한다.

강제성이 부담스러우면 (b)처럼 개인의 자유 선택을 통해 행동을 유도하는 넛지를 고려할 수 있다. 소변기에 파리 그림을 그려 넣어 파리를 맞추도록 인간의 심리를 자극하여 문제를 해결한다.

마지막으로 (a)처럼 소변기 모양을 달리 설계한다거나 자동 청소 장치를 부착한다거나 더러움이 덜한 소변기 재료로 변경하는 등의 기술 중심의 해결 방향이 있다.

4.4 예제 따라가기

예제 비닐테이프 문제

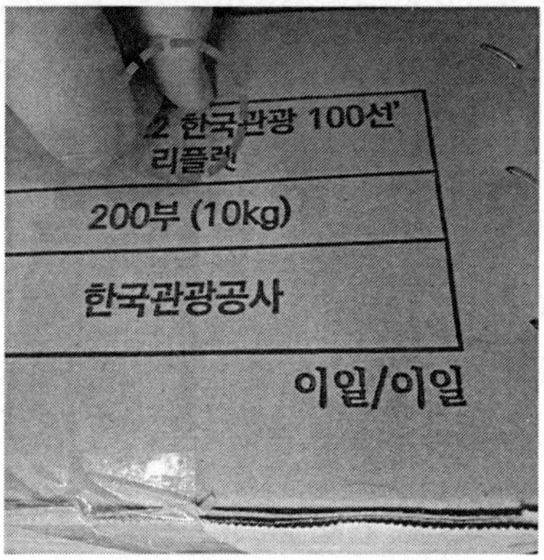

그림 26 ▮ 비닐테이프 제거

3장의 3.3 예제에서 설명한 문제 상황에서 [그림 26]처럼 박스에 붙어있는 테이프를 제거하기 어려운 것이 문제이다. 그럼 여기서 5Why를 적용하여 근본원인을 찾아보자.

1. (질문) 왜 박스테이프를 제거하기 어려운가?
   (대답) 너무 테이프가 밀착되어 있기 때문이다.

↓

2. (질문) 왜 테이프가 밀착되어 있는가?
   (대답) 박스를 단단하게 포장하기 위해서이다.

첫 번째, 왜 박스테이프를 제거하기 어려운가? 대답은 테이프가 너무 밀착되어 있기 때문이다.

두 번째, 그럼 왜 테이프가 밀착되어 있는가? 대답은 박스를 단단하게 포장하기 위해서이다. ~하기 위해서라는 목적 형태로 대답이 나왔기 때문에 5번까지 질문을 하지 않고 여기서 멈추고 해결안을 찾아본다.

기본실습문제 남극 텐트 문제

남극의 세종기지에서 정부와 과학기술정보통신부에 긴급한 연락을 해왔다. 새롭게 남극에 건설되었던 8차 기지가 밤새 불어왔던 강풍에 처참히 무너졌다는 소식이다. 남극기지 건설단은 이 기지가 무너지게 된 원인을 정확히 파악하고 발생한 문제를 해결할 방법을 모색하게 되었다.

우선 기초적인 환경조사와 기지 설계에 있어 1차적인 문제점을 조사하게 되었다. 남극은 기온이 낮아 지반이 단단히 얼어 있다. 이에 따라 8차 기지의 경우 기존의 방법과는 다른 방법으로 기지가 설계되었다. 특히 말뚝을 이용한 텐트형이라는 새로운 기술방법으로 만들어졌다. 이 방법에 의해서 건물의 기초공사를 시작할 때 말뚝을 땅속에 박는데 단단히 얼어 있는 지반을 뚫기 위해 말뚝의 끝은 뾰족하게 만들어져 있었다. 그러나 끝이 뾰족한 경우 말뚝은 박히고 난 뒤 밤새 불어온 강풍에 쉽게 빠져 흔들거리고 안정적인 말뚝의 기능을 수행하지 못했다. 말뚝이 빠졌기 때문에 바람에 건물이 무너져 내린 것이다.

- 문제 상황을 5Why로 분석하라.

풀이

기본실습문제 대형할인매장의 가격할인 문제

대형할인매장은 대량생산된 제품을 판매하기에 차별화가 힘들다. 차별화가 힘든 만큼 고객확보를 위해서는 가격할인을 할 수밖에 없다. 그렇다고 경쟁업체보다 많은 가격할인을 할 수도 없다. 가격할인을 한 만큼 기업이윤이 떨어진다.

- **대형할인매장의 문제 상황을 로직트리로 분석하라.**

풀이

CHAPTER

05

모순 분석

Chapter

< 05 >

모순 분석

2장에서 살펴본 바와 같이 모순은 문제해결의 핵심이며 혁신의 원동력이다. 또한 창의적 문제해결기법인 트리즈의 핵심 개념이다. 그러나 모순의 개념을 정확하게 이해하지 못한 채 트리즈에서 활용하는 도구들을 사용하다 보니 "트리즈는 어렵다"는 반응들이 많다. 이런 어려움을 쉽게 극복할 수 있는 간단한 도구인 도식화 모형에 대해 소개한다.

5.1 모순의 도식화

앞서 5Why나 로직트리를 통해 분석한 근본원인들의 구조를 그대로 이용하여 모순을 이해하고 개념화한 모형이다. [그림 27]과 같은 모양의 논리적 구조를 갖게 되는데 모순의 구조를 한눈에 알아볼 수 있다.

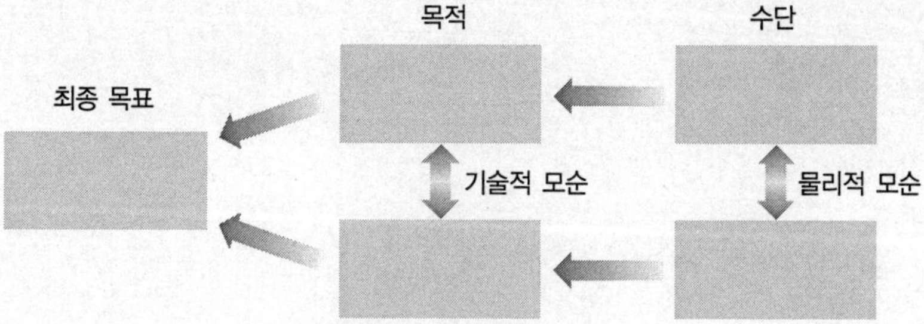

그림 27 ▮ 모순의 도식화

2장에서 언급했던 포털사이트의 광고문제 속에는 화면 속에 광고를 많이 게시하면 많은 광고수익을 올릴 수 있지만 사용자 입장에서는 많은 불편함이 발생하여 사용 편의성이 떨어진다. 반면에 광고를 적게 게시하면 사용 편의성은 올라가나 수익은 감소한다. 이들 사이에 발생하는 2개의 모순을 정리하면 아래 〈표 7〉과 같다. 이를 도식화하면 [그림 28]과 같다.

▌표 7▌ 모순 사례

사례	기술적 모순	물리적 모순
포털사이트에서 광고를 많이 게시하면 광고수익은 높아지지만 사용자의 편의성은 떨어진다.	광고수익 사용 편의성	광고가 많다. 광고가 적다.

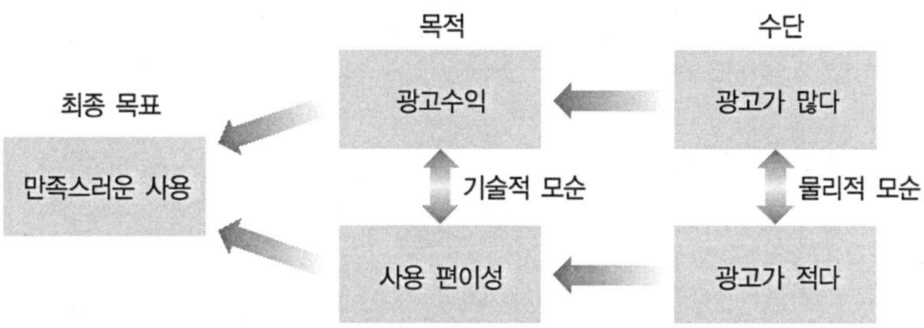

그림 28 ▌ 포털 사이트의 광고 사례에 대한 모순 도식화

[그림 27] 도식화 그림을 이용하여 모순을 모델링하는 절차는 다음과 같다.

1 아래 모형의 ① 칸에 원하지 않는 결과, 즉 문제 상황을 한 문장으로 기술한다.

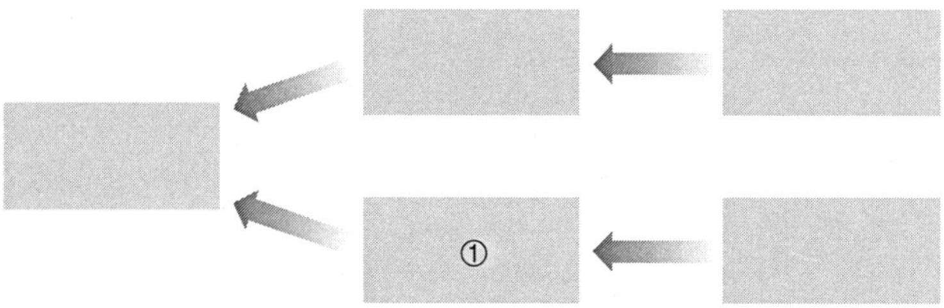

2 아래 모형의 ② 칸에 근본원인 분석에서 선정한 하나의 근본원인을 기술한다.

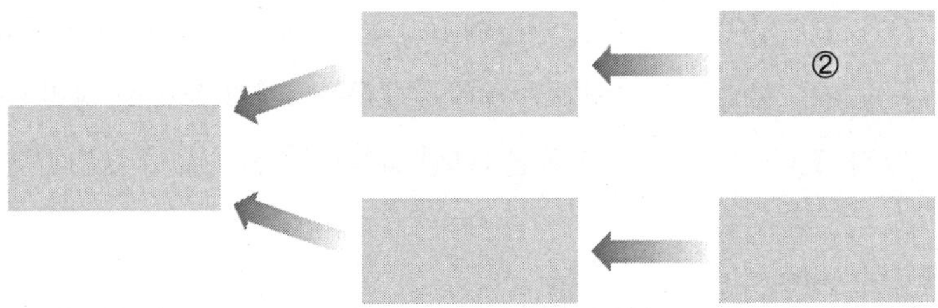

3 아래 모형의 ③ 칸에 ② 원인의 긍정적인 목적(이유)을 기술한다. 이때 "③을 위해서는 ②가 필요하다."라고 해석한다.

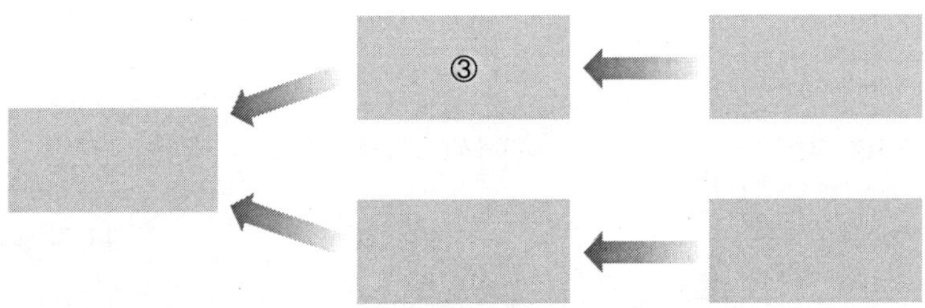

4 아래 모형의 ④ 칸에 ①에서 적은 내용의 반대, 즉 원하는 결과를 기술한다. 이는 원하는 결과를 얻기 위해서는 어떤 수단(방법)이 필요한지를 적는 것을 의미한다.

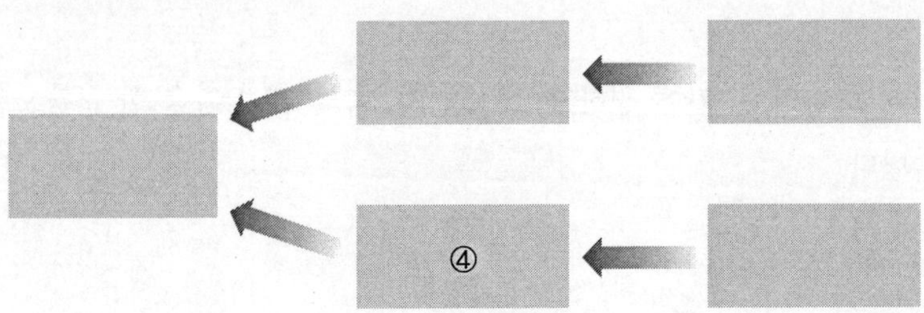

5 아래 모형의 ⑤ 칸에 ④를 위한 수단을 기술한다. 이때 ⑤는 앞의 ②와 반대되는 내용을 적는다.

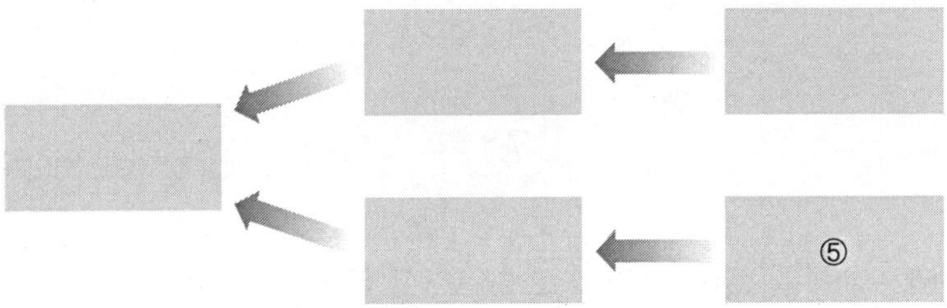

6 아래 모형 ⑥ 칸에 ③과 ④를 모두 달성한 공동의 목표를 기술한다.

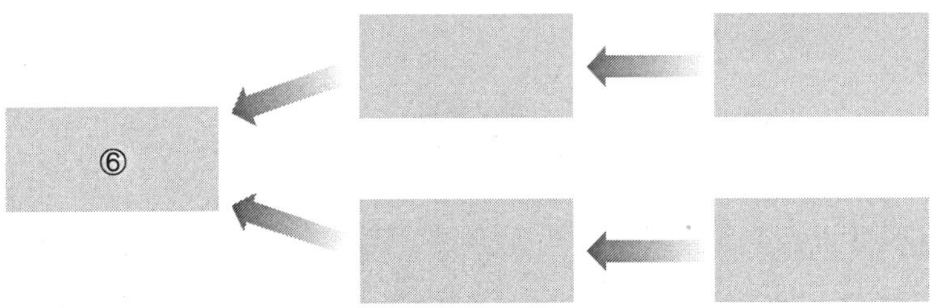

5.2 예제 따라가기

예제 비닐테이프 문제

1. (질문) 왜 박스테이프를 제거하기 어려운가?
(대답) 너무 테이프가 밀착되어 있기 때문이다.

↓

2. (질문) 왜 테이프가 밀착되어 있는가?
(대답) 박스를 단단하게 포장하기 위해서이다.

1 아래 모형의 ① 칸에 원하지 않는 결과, 즉 문제 상황을 한 문장으로 기술한다.

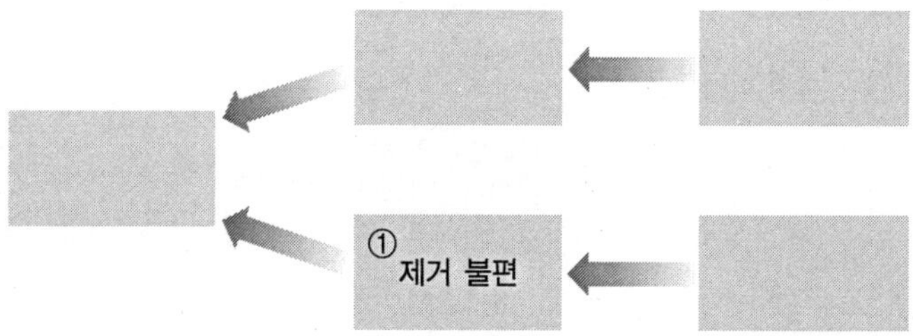

2 아래 모형의 ② 칸에 근본원인 분석에서 선정한 하나의 근본원인을 기술한다.

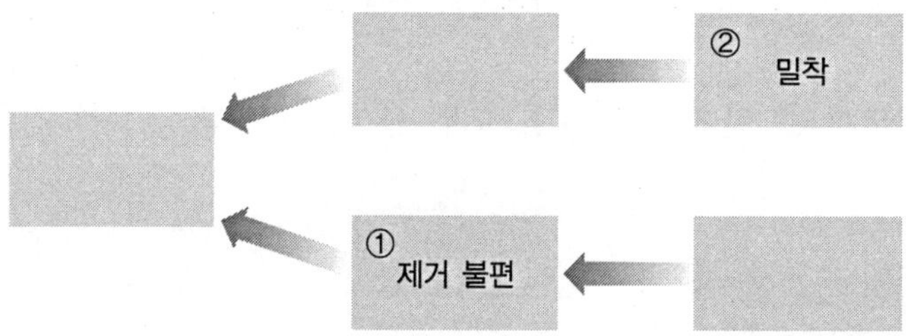

3 아래 모형의 ③ 칸에 ② 원인의 긍정적인 목적(이유)을 기술한다.

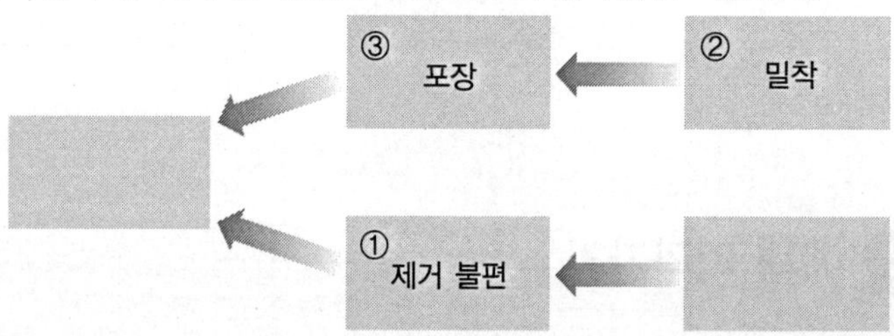

4 아래 모형의 ④ 칸에 ①에서 적은 내용의 반대, 즉 원하는 결과를 기술한다.

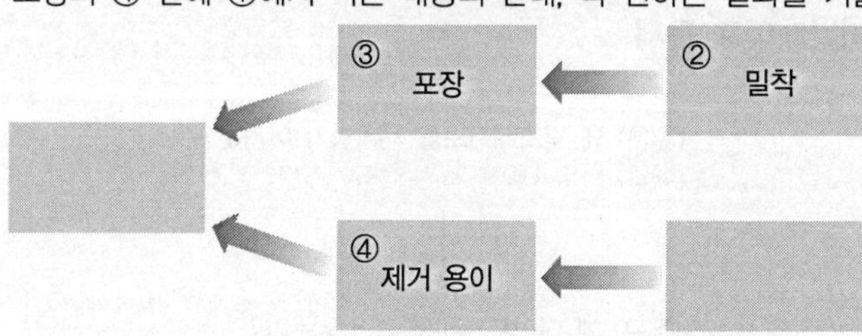

5 아래 모형의 ⑤ 칸에 ④를 위한 수단을 기술한다. 이때 ⑤는 앞의 ②와 반대되는 내용을 적는다.

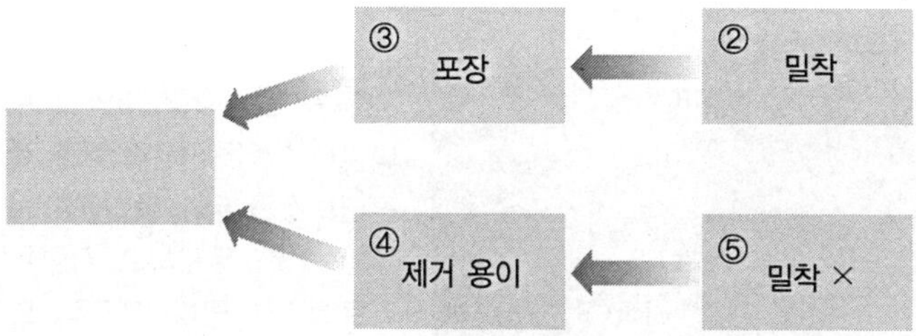

6 아래 모형 ⑥ 칸에 ③과 ④를 모두 달성한 공동의 목표를 기술한다.

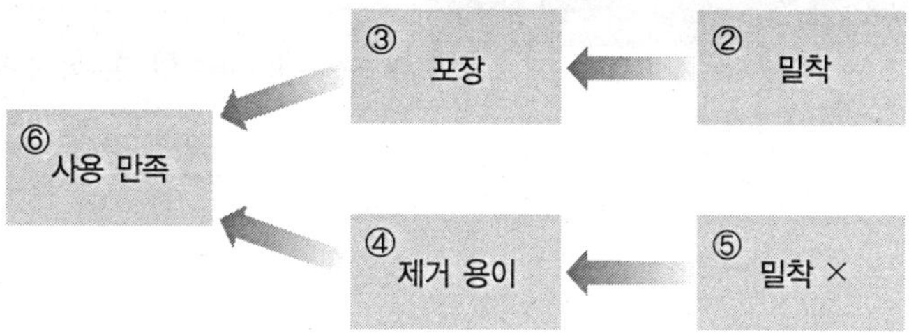

박스를 단단하게 포장하기 위해서는 비닐테이프를 박스와 밀착되게 붙여야 하며, 용이하게 제거하기 위해서는 밀착되게 붙이면 안 된다. 포장도 단단하게 제거도 용이하게 하기 위해서는 박스와 비닐테이프가 밀착되어야 하며 밀착되지 않아야 한다. 포장과 제거 용이 사이에는 기술적 모순이 존재하고 밀착되어야 하며 밀착되지 않아야 하는 특성 사이에는 물리적 모순이 존재한다.

기본실습문제 공원 잔디 문제

공원에 사각형 모양의 드넓은 잔디밭이 있다. 잔디가 죽을 수도 있어 잔디보호를 위해 출입금지 표지를 했지만 이를 무시하고 사람들이 자주 가로질러 다닌다. 그러다 보면 잔디가 죽고 어느새 흙길까지 생긴다. 보기에도 흉하다.

- **공원 잔디 문제의 모순을 도식화하라.**

풀이

기본실습문제 건물 옥상문 문제

영화 〈엑시트〉는 재난 탈출 영화이다. 의문의 유독가스를 피해 빌딩 옥상으로 대피하려 하지만 옥상문이 굳게 닫혀있다. 주인공은 옥상문을 열어 가족들을 살리기 위해 고군분투한다.

건물 옥상문은 원래 개방하지만 자살 등의 사고를 예방하기 위해 이제 개방하지 않는다.

- **건물 옥상문의 모순을 도식화하라.**

풀이

CHAPTER

06

이상적 해결안 도출

Chapter

< 06 >

이상적 해결안 도출

문제해결절차의 4번째 단계는 모순을 극복하는 해결안의 방향성을 설정하는 단계이다. 이때 트리즈는 분리원리, 발명원리, 표준해결안, 물질-장 모델, 76가지 표준해, ARIZ를 비롯한 다양한 도구들을 제공한다. 모든 도구들이 유용하지만 굳이 다 알 필요는 없다. 트리즈는 특허들을 분석하여 개발된 도구여서 기술 분야에 특화된 측면이 강하다. 트리즈의 용어나 개념이 딱딱하고 전문적인 이유가 이런 연유에서 파생되었다. 트리즈 도구들을 이해하고 활용하기에 어려운 부분이 있고 특히 비즈니스 문제를 해결하는 데 사용하기가 어렵다. 따라서 본 책에서는 가장 간단하고 강력한 도구인 분리원리만을 설명한다. 분리원리 하나를 제대로 사용하더라도 많은 현실문제를 해결할 수 있다.

6.1 분리원리

분리원리란 한 특성이 서로 상반되는 값을 갖도록 동시에 요구받는 상황, 즉 모순을 분리시키는 방법이다. 크게 시간에 의한 분리, 공간에 의한 분리, 조건에 의한 분리, 전체와 부분에 의한 분리의 총 4가지가 있다.

분리원리	분리방법
시간 (Separation in Time)	모순되는 요구를 시간에 따라 분리하여 상반되는 값을 갖도록 한다.
공간 (Separation in Space)	모순되는 요구를 공간에 따라 분리하여 상반되는 값을 갖도록 한다.
조건 (Separation on Condition)	모순되는 요구를 조건에 따라 분리하여 상반되는 값을 갖도록 한다.
전체와 부분 (Separation in System Level)	모순되는 요구를 시스템 전체와 부분으로 분리하여 상반되는 값을 갖도록 한다.

1) 시간에 의한 분리

상반되는 요구사항을 시간에 따라 분리시켜 모순되는 요구를 모두 만족시킨다. 예를 들어 어떤 거리에 자동차만 다니게 하면 사람이 불편하고, 사람만 다니게 하면 자동차 운전자가 불편하다. 따라서 파란불일 때는 사람이, 빨간불일 때는 자동차가 지나가도록 신호등을 설치하면 문제가 해결된다.

다른 예로 비행기 바퀴는 이착륙을 위해서는 있어야 하고, 비행 시에는 공기저항을 최소화하기 위해서 없어야 한다. 이를 해결하기 위해서는 비행기가 뜨고 내릴 때는 바퀴를 사용하고 비행 중에는 동체 속에 넣어 공기의 저항을 받지 않게 한다.

비즈니스 예로는 개인용 제트 비행기 사례가 있다.[46] 개인용 제트 비행기 제조회사는 제트 비행기 시장을 더 확대하기 원했다. 하지만 개인용 제트 비행기는 억만장자가 아닌 이상 일반 소비자가 소유하기에는 너무 비쌌다. 4천만 달러의 구매비용뿐만 아니라 조종사를 고용하고 비행기를 유지 보수하는 데도 많은 비용이 들었다. 시장 확대를 위해서는 비행기 가격을 낮추어야 하는데 회사의 이윤이 급감하는 문제가 생겼다. 제트 비행기 제조회사는 시장 확대를 위해서는 가격을 낮추어야 하지만 회사의 이윤을 유지하기 위해서는 가격을

46) "분할-결합 원리와 상태모형에 대한 학습이 모순문제 해결과 성장 마인드세트에 미치는 영향", 현정석 · 박찬정, 지식경영연구, Vol.14, No.4, 2013, pp.19~46

유지해야 하는 모순에 직면하게 되었다. 회사는 어떻게 이 문제를 해결하였을까?

비행기를 소유하는 시간을 분리하여 모순을 해결하였다. 고객이 1천만 달러를 내면 일 년에 100시간 동안 비행기를 이용할 수 있게 했다. 비행기를 산다면 일 년 동안 언제든지 이용할 수 있지만 비행기 이용시간을 따져보면 100시간도 이용하지 않는 경우도 많을 것이다. 이 해결방안으로 회사는 연간 매출이 급상승하였다.

◂ 시간 분리 사례들 ▸	
조조할인 또는 심야할증	사람이 적은 아침시간대에는 요금을 할인해주고 사람이 많은 심야시간대에는 요금을 할증한다.
도개교	선박이 통과하도록 정해진 시간마다 다리가 열린다.
광장분수	하절기에만 작동하고 동절기에는 정지한다.
특별 점심메뉴	점심시간에만 특별 할인된 가격으로 점심 메뉴를 판매한다.

2) 공간에 의한 분리

상반되는 요구사항을 공간에 따라 분리시켜 모순되는 요구를 모두 만족시킨다. 예를 들면 냉장고의 온도는 과일이나 야채를 보관하기 위해서는 5도 정도가 적절하고, 생선이나 육류를 보관하기 위해서는 −18도 정도가 적절하다. 이를 해결하기 위해서는 냉장고의 공간을 냉장실과 냉동실로 분리해서 따로 보관한다.

자연의 세계는 신비롭다. 각자 주어진 환경에서 생존하기 위해 나름의 방식대로 살아가고 있는데 여기에 트리즈의 원리가 숨어있다. 거미는 거미줄로 살아있는 곤충들을 잡아서 먹고 산다. 먹잇감인 곤충들은 거미줄에 잘 걸리지만 정작 거미줄 위에 사는 거미는 거미줄에 걸리지 않는다. 그 이유는 바로 거미줄에 있다. 거미가 거미집을 지을 때는 세로줄을 먼저 치고 그 후에 가로줄을 쳐서 거미집을 만드는데 가로줄은 끈적이지만 세로줄은 끈적이지 않는다. 거미는 그 세로줄로만 다니기 때문에 걸리지 않는다. 거미줄이라는 공간을 가로줄과 세로줄로 분리한 사례이다.

돌고래는 물고기와 달리 포유류이기 때문에 폐로 숨을 쉰다. 바다에서 숨을 쉬기 위해서는 계속 깨어있어야 한다. 만약 깊이 잠이 들어버리면 바닷속에 잠겨 질식해 죽는다. 그렇다고 수면 밖으로 나와 잠을 잘 수도 없다. 다른 동물들에게 돌고래가 잡아먹힐 수도 있다. 이런 생존의 딜레마를 돌고래는 어떻게 극복했을까? 해답은 반구수면이다. 돌고래들은 뇌를 반으로 나누어서 교대로 잠을 잔다. 오른쪽 뇌가 잠을 잘 때는 왼쪽 뇌가 깨어있고, 왼쪽 뇌가 잠을 잘 때는 오른쪽 뇌가 깨어있다. 반구수면을 통해 하루에 8시간 정도 잠을 잔다고 한다. 다른 반쪽의 뇌는 잠을 자면서 가볍게 수영을 하고 수면 밖으로 몸을 내밀어 숨을 쉬기도 하며 적으로부터 자신을 보호하는 경계 역할도 한다.

◂공간 분리 사례들▸	
도시락통	밥과 반찬을 한통에 담던 것을 밥과 반찬, 심지어 국을 담는 통을 별도로 만들어 도시락을 싼다.
짬짜면	하나의 그릇을 반으로 쪼개어 짜장면과 짬뽕을 반반씩 담는다.
버스 전용차로	도로에 차량이 많아 버스의 운행이 늦어지는 것을 방지하기 위해 버스만을 위한 전용차로를 지정한다.
금연구역	비흡연자를 보호하기 위해 흡연을 금지하는 구역을 지정한다.

3) 조건에 의한 분리

상반되는 요구사항을 조건이나 상황에 따라 분리시켜 모순되는 요구를 모두 만족시킨다. 예를 들어 시중 은행들이 경기불황으로 인해 대출금리를 내려달라는 요구와 더불어 신용도가 낮은 고객도 대출해줄 것을 요구받고 있다. 이때 대출금리를 무조건 내리면 은행의 수익 감소가 염려되고, 또 신용도가 낮은 고객에게 대출해줄 경우 대출상환이 염려된다. 어떻게 이 문제를 해결할까? 이때 조건에 의한 분리를 활용하여 고객의 신용도에 따라 대출금리를 차등화하면 문제를 해결할 수 있다. 즉 신용도가 높은 고객은 대출금리를 할인해주고, 신용도가 낮은 고객은 대출을 해주되 높은 금리를 받는 것이다.

1998년 IMF로 인한 경제위기를 극복하기 위해서 기업 내에 구조조정이 단행되었다. 구조조정으로 인한 노동자의 해고를 막고 기업의 인건비 부담을 줄이기 위한 방안으로 임금피크제가 도입되었다. 임금피크제란 일정 연령이 된 노동자의 임금을 삭감하면서 대신에 정년까지 고용을 보장하는 제도이다. 기업의 입장에서는 연공제(근무연수에 따라 급여가 오름)에 의한 임금의 부담을 줄이고, 노동자 입장에서는 정년보장으로 해고의 불안감을 덜어낸 해결방안이었다.

◀ 조건 분리 사례들 ▶	
가변차선	교통량의 상황에 따라 중앙차선을 왕복차선 중의 하나로 변경한다.
화면보호기	일정 시간 동안 작업하지 않는 경우 작업 내용을 보호하기 위해 화면을 바꾼다.
거름망	일정한 크기 이상의 것들은 걸러내고 이하의 것들은 통과시킨다.
군인 할인	고객 중 현역군인에 한해 가격을 할인한다.

4) 전체와 부분에 의한 분리

상반되는 요구사항을 전체와 부분으로 분리시켜 모순된 요구사항을 모두 만족시킨다. 예를 들면 구글 사이트가 좋은 사례이다. 전체적으로는 광고가 없는 것처럼 보이지만, 부분적으로는 고객 맞춤형 광고를 하는 것이다. 광고료가 가장 비싼 첫 화면에 배너 광고가 전혀 없기 때문에 전체적으로 광고가 없는 것처럼 보이지만, 사용자가 검색을 하면 검색어와 관련된 광고만 부분적으로 나타나 사용자가 광고로 인한 불편함을 크게 느끼지 않는다.

2019년 상영된 한국영화 〈악인전〉은 형사와 깡패가 같이 연쇄살인마를 잡는다는 줄거리의 영화이다. 우연히 연쇄살인마의 표적이 되었다 살아난 깡패 조직의 보스와 연쇄살인범죄의 감을 느낀 강력반 형사가 아이러니하게 "먼저 잡는 놈이 임자다."라는 타협안을 갖고 손을 잡는다. 형사는 법대로 처리하길 원하고 깡패는 자기를 죽이려고 했던 살인마를 자기 식대로 처리하길 원한다. 서로 타협할 수 없는 이들이 어떻게 살인마를 잡고 처리했을까? 영화 줄거리의 스포일러일지 모르나 여기에도 분리의 원리가 담겨있다. 사회에서는 형사의 뜻에 따라 법대로 처리하고, 교도소에서는 깡패가 원하는 대로 처리했다. 자세한 내용은 영화를 직접 보고 확인하기를 바란다.

◂ 전체와 부분 사례들 ▸	
부분유료화 정책	혼자 게임을 할 경우에는 무제한으로 무료이지만 여럿이서 같이 할 경우에는 일정한 게임수를 넘어가면 유료화한다.
퍼즐	퍼즐 하나하나가 모여 큰 그림이 완성된다.
카드섹션	여러 가지 카드가 모여 하나의 큰 그림이나 메시지를 전달한다.
자전거 체인	동력을 전달하기 위해서는 전체는 단단하나 부분은 유연한 형태를 이룬다.

6.2 예제 따라가기

예제 비닐테이프 문제

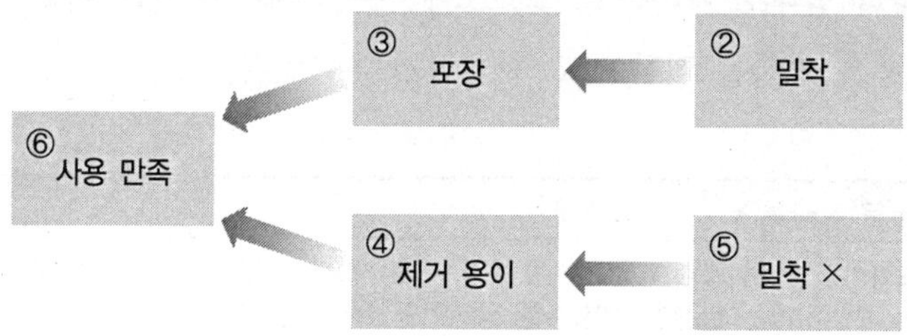

3단계 모순 분석 단계에서 도출한 모순에 분리원리를 적용하여 다양한 방향의 해결안을 도출한다.

분리원리	적용 내용
시간	어떤 시간에는 테이프가 밀착되었다가 다른 시간에는 밀착되지 않는다.
공간	테이프의 어떤 공간은 밀착되고 다른 공간은 밀착되지 않는다.
조건	어떤 조건에서는 밀착되었다가 다른 조건에서는 밀착되지 않는다.
전체와 부분	전체적으로는 밀착되고, 부분적으로는 밀착되지 않는다.

기본실습문제 북극곰 털 문제

북극곰의 몸은 북극의 추운 환경에 맞게 진화했다. 먹이를 잡기 위해서 쉽게 노출되지 않으려면 털색이 하얀색이어야 한다. 그런데 하얀색 털은 햇빛을 잘 흡수하기 어려워 체온 유지에 도움이 되질 않는다.

- 모순을 도식화하라.
- 분리원리를 적용하여 이상적 해결안을 도출하라.

풀이

기본실습문제 화분 물주기 문제

예쁜 꽃이 담긴 화분! 처음 사온 날 이후 며칠 동안에는 일정한 간격으로 물을 주며 정성껏 키웠다. 그런데 시간이 지나면서 언제부터인가 물 주는 것을 자꾸 까먹는다. 그러다 그만 꽃이 시들어 죽었다. 물을 제때 주지 않은 것이다.

- **이 갈등 상황을 모순으로 도식화하라.**
- **분리원리를 적용하여 이상적 해결안을 도출하라.**

풀이

CHAPTER

07

실행 해결안 도출

Chapter

< 07 >

실행 해결안 도출

문제해결절차의 5번째 단계는 4번째 단계에서 도출한 다양한 방안들 중에 실제 실행 가능하며 이상성이 높은 해결안을 도출하는 단계이다. 본 책에서는 40가지 발명원리에 대해 소개한다.

발명원리는 트리즈의 창시자인 알트슐러와 그의 동료들이 전 세계 수백만 건의 특허를 분석하여 발견한 것으로 문제해결에 공통적으로 사용된 원리 가운데 가장 많이 활용된 핵심원리만을 정리한 것이다. 보통 기술적 모순을 해결할 때 발명원리를 사용할 것을 추천하지만 본 책에서는 분리원리를 적용할 때 함께 발명원리를 함께 고려할 것을 권장한다. 분리원리로 해결 방향을 잡고 발명원리로 구체적인 아이디어를 도출하면 훨씬 효율적으로 접근할 수 있다. 〈표 8〉은 분리원리와 발명원리와의 관계를 표시한 것이다.

▌표 8▐ 발명원리와 분리원리의 관계

번호	이름	시간	공간	조건	전체와 부분
1	분할	○	○		○
2	추출		○		
3	국소적 품질		○	○	○
4	비대칭		○		
5	통합				○
6	다용도				○
7	포개기	○	○	○	
8	평형추				

9	사전반대조치	○			
10	사전조치	○			
11	사전예방	○			
12	높이 맞추기				○
13	반대로		○		
14	구형화		○		
15	역동성	○		○	○
16	과부족	○			
17	차원변경		○	○	○
18	기계적 진동	○			
19	주기적 작용	○		○	
20	유익한 작용 지속				
21	고속처리	○			
22	해를 이롭게				○
23	피드백				
24	매개체	○	○		○
25	셀프서비스			○	
26	복제	○	○		
27	일회용품	○			○
28	기계시스템 대체			○	
29	공기 · 유압 활용	○		○	
30	얇은 막		○		○
31	다공질 재료			○	
32	색깔 변경			○	
33	동질성				○
34	폐기 혹은 재생	○			
35	속성변환			○	
36	상전이			○	
37	열팽창	○			
38	활성화			○	
39	비활성화			○	
40	복합재료		○		○

예를 들어 강의할 때 많이 사용하는 지시봉은 강의할 때는 길어야 하고, 휴대할 때는 짧아야 한다. 이 모순을 해결하기 위해 먼저 분리원리 중 조건 분리를 적용하고, 이 원리와 연관된 발명원리를 〈표 8〉에서 선택하여 적용하면 다음 〈표 9〉와 같은 구체적인 해결 아이디어를 얻을 수 있다.

‖ 표 9 ‖ 지시봉에 대한 발명원리 적용

분리원리	내용	발명원리	적용 내용
조건	강의할 때는 길어야 하고, 휴대할 때는 짧아야 한다.	7. 포개기	강의할 때는 지시봉을 늘리고, 휴대할 때는 지시봉을 포갠다.
		17. 차원변경	강의할 때는 빛을 이용하고, 휴대할 때는 짧다.
		29. 공기 · 유압 활용	강의할 때는 공기 · 유압으로 길어지고, 휴대할 때는 짧아진다.

7.1 발명원리

1) 발명원리 1: 분할(Segmentation)

물체를 독립된 여러 부분으로 나누어서 문제를 해결하는 원리이다. 예를 들어 제과점에서 파는 조각 케이크이다. 조각 케이크를 팔기 전에는 하나의 큰 케이크를 통째로 팔았다. 큰 케이크를 혼자 먹기에는 양이 너무 많아 케이크를 조각내어 팔기 시작했다. 어떤 사람들은 케이크를 하나 사는 것보다 조각 케이크를 한두 조각 사 먹는 것을 선호한다.

먹기 좋게 분할하여 만든 먹거리가 또 있다. 바로 얼음이다. 예전에는 커다랗게 얼린 얼음을 분할하여 사용하였지만 지금은 분할되어 있는 틀에 얼려서 먹는다.

◆ 사례 찾아보기	

2) 발명원리 2: 추출(Separation)

물체를 동일한 부분으로 나누는 발명원리 1의 분할의 원리와 달리 추출은 물체를 다른 부분으로 나누어서 문제를 해결한다. 예를 들면 에어컨의 냉방기는 실내에 설치하고, 소음이 나는 실외기는 밖으로 추출하면, 에어컨의 소음을 제거할 수 있다. 표현하고자 하는 중요한 특성만 남겨놓고 불필요한 것을 제거한 픽토그램, 15초 안에 핵심 메시지만을 추출하여 고객들의 마음을 사로잡아야 하는 광고카피, 영화의 핵심 컷만을 추출하여 관객들을 모아야 하는 영화 예고편, 스포츠 경기의 핵심 장면만 모은 스포츠 하이라이트, 아침에 배달원을 통해 야채의 핵심 영양만을 추출한 녹즙, 노인분들이 드시는 인삼 엑기스 등 우리 주변에 다양한 형태로 존재한다.

◆ 사례 찾아보기	

3) 발명원리 3: 국소적 품질(Local Quality)

전체 가운데 일부만을 바꾸는 원리로서 물체나 제도, 시스템 등의 일부를 다르게 한다. 예를 들면 차량이 많이 몰리는 출퇴근시간에 도로는 정체가 많이 발생한다. 이때 대중교통의 원활한 통행을 위해 도로의 일부를 버스전용차선으로 정해 버스만 다닐 수 있게 운영하는 것이다.

◆ 사례 찾아보기	

4) 발명원리 4: 비대칭(Asymmetry)

물체의 형태나 부품을 대칭에서 비대칭 형태로 바꾸어 문제를 해결한다. 사람은 보통 균형이 맞는 것을 선호하며 또 그것이 일반적이라고 생각한다. 이런 심리적 관성에서 벗어나 새로운 해결안을 제시하도록 도와준다. 예를 들어 한국타이어에서 개발한 4계절용 타이어 옵티모 4S는 트레드(타이어가 지면에 닿는 면)의 안쪽은 눈이나 비로 인해 도로가 젖은 상태인 젖은 노면에 대비하고, 바깥쪽은 마른 노면에 최적화된 형상으로 디자인하였다.

또한 최근에 유행하는 헤어스타일은 좌우 옆머리의 길이가 비대칭인 언밸런스 쇼트커트가 인기가 있다. 삼겹살집에 가면 비대칭으로 기울어진 고기구이판 등도 있다.

◆ 사례 찾아보기	

5) 발명원리 5: 통합(Merging)

유사하거나 이질적인 사물이나 기능을 시간적 또는 공간적으로 통합한다. 예를 들어 하나의 공간에 여러 개의 상점을 모아놓은 백화점이나 다양한 진료 과목을 모아놓은 종합병원, 여러 가지 색을 하나로 합친 다색 볼펜 등이 있다.

◆ 사례 찾아보기	

6) 발명원리 6: 다용도(Multi-functionality)

하나의 요소가 여러 가지 기능을 수행하게 한다. 예를 들어 칼 이외에 가위, 드라이버, 펜치 등을 함께 모아놓은 포켓나이프(일명 맥가이버칼)와 프린터, 스캐너, 팩스, 복사기 등을 한데 묶어놓은 복합기 등이 있다.

◆ 사례 찾아보기	

7) 발명원리 7: 포개기(Nesting)

하나의 사물 속에 다른 사물을 집어넣는다. 예를 들어 계량할 때 사용한 다양한 크기의 스푼을 포개놓은 계량스푼이나 캠핑할 때 휴대하기 편하게 다양한 크기의 그릇을 포개놓은 코펠 등이 있다.

◆ 사례 찾아보기	

8) 발명원리 8: 평형추(Counterweight)

외부의 힘을 이용하여 원하는 기능을 수행하게 한다. 예를 들어 공기의 부력을 이용한 물에 뜨는 국자나 많은 비용이 드는 광고 대신에 드라마나 영화 속에 소품으로 홍보하는 PPL(Products in Placement) 광고가 있다.

◆ 사례 찾아보기	

9) 발명원리 9: 사전반대조치(Preliminary Counteraction)

유해한 작용을 막기 위해 사전에 반대되는 조치를 취한다. 예를 들어 병을 예방하기 위해 백신을 사전에 접종하는 예방접종이나 아픈 주사를 놓기 전에 엉덩이를 때리는 조치 등이 있다.

◆ 사례 찾아보기	

10) 발명원리 10: 사전조치(Preliminary Action)

물체에 필요한 변화를 완전히 혹은 부분적으로 미리 준비해서 문제를 해결한다. 예를 들어 깁스를 풀 때 편리하도록 깁스 안에 미리 톱날을 넣어두거나 가위나 풀이 따로 필요하지 않도록 우표에 미리 절취선을 그어두고 뒷면에 풀칠을 해두는 경우이다. 이와 유사한 경우가 라면봉지나 커피믹스에 있다. 겉표면에 칼이나 가위 없이도 뜯을 수 있게 미리 조치를 취해놓았다. 사소한 아이디어 같지만 막상 닥쳐보면 그렇지 않다. 만약 이런 조치들이 없다면 "출출할 때 먹으려고 사둔 과자봉지를 여행지에 가서 뜯을 때 잘 뜯어지지 않는 상황"이 연출된다.

◆ 사례 찾아보기	

11) 발명원리 11: 사전예방(Beforehand Compensation)

나중에 발생할지도 모를 유해한 작용에 대비해 사전에 예방 차원에서 조치를 취한다. 예를 들어 자동차 사고를 대비한 에어백이나 바이러스로 인한 데이터 파괴를 예방하기 위해 미리 저장해두는 백업 등이 있다.

◆ 사례 찾아보기	

12) 발명원리 12: 높이 맞추기(Equipotentiality)

유익한 기능이 잘 작동하도록 동작이나 주변 환경을 변화시킨다. 예를 들어 학생들의 수학능력에 맞춘 눈높이 수업이나 들고 옮기는 물통을 굴릴 수 있도록 만든 물통 등이 있다.

◆ 사례 찾아보기	

13) 발명원리 13: 반대로(Reverse)

기존의 방식을 반대로 한다. 예를 들어 교실에서 수업을 듣고 집에서 숙제하던 방식과 반대로 집에서 수업을 듣고 교실에서 숙제하는 플립드러닝이나 사람 대신 바닥이 움직이는 러닝머신 등이 있다.

◆ 사례 찾아보기	

14) 발명원리 14: 구형화(Curvature Increase)

형태를 구형으로 바꾼다. 예를 들어 신호대기로 인한 정체현상이 많은 네거리 교차로를 구형으로 바꾼 회전교차로나 잉크 용량을 2배 이상 증가시킨 나선형 볼펜심 등이 있다.

◆ 사례 찾아보기	

15) 발명원리 15: 역동성(Dynamic Parts)

사물이나 시스템의 유연성이나 자유도를 증가시킨다. 예를 들어 다양한 모습으로 변신하는 변신로봇이나 교실에서 수동적으로 수업을 받는 대신에 학생들이 실제 문제를 해결하며 교실 밖에서 학습하는 액션러닝 수업 등이 있다.

◆ 사례 찾아보기	

16) 발명원리 16: 과부족(Partial or Excessive)

원하는 수준을 맞추기 어려울 경우 과하게 하거나 부족하게 실행한다. 예를 들어 페인트나 락카를 정확하게 경계선을 맞추어 칠하기 어려울 경우 사용하는 마스킹테이프나 얼면 터질 우려를 방지하기 위해 내용물을 꽉 채우지 않는 물병 등이 있다.

◆ 사례 찾아보기	

17) 발명원리 17: 차원변경(Dimension Change)

수직을 수평으로, 1차원을 다차원으로 바꾸는 등 더 높은 차원으로 바꾸어 다른 각도에서 바라보게 한다. 예를 들어 2차원에서 3차원으로 바꾼 3D 프린터나 귀로만 듣던 라디오를 눈으로도 볼 수 있게 만든 보이는 라디오 등이 있다.

◆ 사례 찾아보기	

18) 발명원리 18: 기계적 진동(Mechanical Vibration)

사물을 진동운동을 하게 만든다. 예를 들어 식당에서 사용하는 진동벨이나 진동으로 이를 닦는 진동칫솔, 진동으로 면도하는 진동면도기 등이 있다.

◆ 사례 찾아보기	

19) 발명원리 19: 주기적 작용(Periodic Actions)

연속적인 작용을 주기적인 작용으로 바꾼다. 예를 들어 매일 발생하는 교통체증을 줄이기 위한 차량요일제나 매번 저장하는 것은 부담되기에 주기적으로 자동 저장되는 문서편집기의 저장기능 등이 있다.

◆ 사례 찾아보기	

20) 발명원리 20: 유익한 작용 지속(Continuous Useful Action)

유익한 작용을 중단 없이 지속하게 한다. 예를 들어 24시간 운영되는 편의점이나 사원 채용을 필요할 때마다 수시로 하는 수시채용 등이 있다.

◆ 사례 찾아보기	

21) 발명원리 21: 고속처리(Hurrying)

유해한 작용을 최소화하기 위해 고속으로 처리한다. 예를 들어 통행료 지불을 고속으로 처리하는 하이패스나 소액 결제 시 별도의 서명 없이 빠르게 결제하는 무서명 결제 등이 있다.

◆ 사례 찾아보기	

22) 발명원리 22: 해를 이롭게(Convert Harmful to Useful)

유해한 작용을 유익하게 활용한다. 예를 들어 인체에 유해한 전자파를 음식을 가열하는 데 이용한 전자레인지나 체내에 들어가면 독이 되는 약물을 주름살 제거에 활용한 보톡스 등이 있다.

◆ 사례 찾아보기	

23) 발명원리 23: 피드백(Feedback)

현재 상황을 전달하게 한다. 예를 들어 사람들의 관심사나 반응을 알 수 있는 페이스북의 '좋아요' 버튼이나 빈 주차공간을 알려주는 주차공간 표시기 등이 있다.

◆ 사례 찾아보기	

24) 발명원리 24: 매개체(Intermediary)

직접 수행하기 어려운 경우 중간 매개체를 활용한다. 예를 들어 직접 부동산을 사고팔기 어려울 경우에 중간에 거래를 연결해주는 부동산 중개인이나 직접 빈 택시를 잡기 어려운 경우 빈 택시를 호출해주는 카카오택시 앱 등이 있다.

◆ 사례 찾아보기	

25) 발명원리 25: 셀프서비스(Self-service)

저절로 기능을 수행하게 한다. 예를 들어 고객이 직접 차에 주유를 하는 셀프주유소나 마트에서 고객이 직접 계산과 포장을 하는 셀프계산대 등이 있다.

◆ 사례 찾아보기	

26) 발명원리 26: 복제(Copying)

귀하거나 다루기 힘든 것을 복제하여 사용한다. 예를 들어 비싼 명화를 전시하기 어려울 때 대신 복제품을 전시하거나 아파트 분양을 위해서 모델하우스를 활용하면 비용을 절감할 수 있다. 현금 대신 수표나 신용카드, 상품권 등을 사용하는 것, 뮤지컬을 영상 촬영하여 영화로 보는 것도 복제원리를 활용한 사례이다.

◆ 사례 찾아보기	

27) 발명원리 27: 일회용품(Cheap Disposables)

비싸고 수명이 긴 것을 값싸고 수명이 짧은 것으로 대체한다. 예를 들어 깨지기 쉬운 유리컵 대신에 사용하는 일회용 종이컵이나 비밀번호를 잃어버린 경우 임시로 발급해주는 임시 비밀번호 등이 있다.

◆ 사례 찾아보기	

28) 발명원리 28: 기계시스템 대체(Mechanical Interaction Substitution)

기계시스템을 효율이 더 높은 전기시스템이나 자기시스템, 광학시스템으로 대체한다. 예를 들면 열쇠를 사용하는 잠금장치를 전자식으로 대체한 전자식 잠금장치나 향기를 마케팅에 활용한 일본 비누회사의 신문광고 등이 있다.

◆ 사례 찾아보기	

29) 발명원리 29: 공기 · 유압 활용(Pneumatics and Hydraulics)

단단한 것을 공기나 유압 등 유동적인 것으로 대체한다. 예를 들어 딱딱한 매트리스를 공기를 주입하여 사용하는 에어매트나 종이 포장지를 대체한 포장용 에어캡(일명 뽁뽁이) 등이 있다.

◆ 사례 찾아보기	

30) 발명원리 30: 얇은 막(Flexible Shells and Thin Films)

유익한 작용을 위해서나 유해한 작용을 막기 위해 유연하거나 얇은 막을 사용한다. 예를 들어 국물이 흐르는 것을 방지하기 위한 비닐랩이나 안경 대신에 얇은 필름 형태를 사용하는 콘택트렌즈 등이 있다.

◆ 사례 찾아보기	

31) 발명원리 31: 다공질 재료(Porous Materials)

사물에 구멍을 많이 만들거나 다공성 재료를 사용한다. 예를 들어 미세한 구멍으로 공기와 습기는 배출하지만 물은 차단하는 고어텍스 소재나 다공성 필터를 여러 단계에 걸쳐 정수하는 물정수기 등이 있다.

◆ 사례 찾아보기	

32) 발명원리 32: 색깔 변경(Optical Property Change)

요소나 환경의 색깔을 변경한다. 예를 들어 대기 중 자외선 양을 측정하는 센서를 이용하여 날씨에 따라 색깔이 변경되는 조광렌즈나 물의 온도에 따라 색이 바뀌는 샤워펫 등이 있다.

◆ 사례 찾아보기	

33) 발명원리 33: 동질성(Homogeneity)

요소와 상호작용하는 주변 요소를 동일하거나 유사한 재료로 만든다. 예를 들어 나무로 만든 이쑤시개 대신에 쉽게 녹거나 분해되는 녹말 이쑤시개, 눈이나 얼음으로 만든 이글루 등이 있다.

◆ 사례 찾아보기	

34) 발명원리 34: 폐기 혹은 재생(Discarding or Recovering)

용도를 다한 요소를 폐기하거나 재생한다. 예를 들어 폐식용유로 만든 비누, 다 쓴 토너를 재충천한 재생 토너 등이 있다.

◆ 사례 찾아보기	

35) 발명원리 35: 속성변환(Parameter Change)

요소의 물리적 상태(농도, 밀도, 온도, 유연성, 부피 등)를 변화시킨다. 예를 들면 파일 크기를 압축하는 알집, 과일을 말린 건과일 등이 있다.

◆ 사례 찾아보기	

36) 발명원리 36: 상전이(Phase Transition)

모든 물질은 고체, 액체, 기체의 세 가지 상태를 가진다. 일정한 외부 조건(온도, 압력, 물질장 등)에 따라 한 상태에서 다른 상태로 변하는 것을 상전이라고 하는데 이런 현상을 이용하여 물질의 상태를 변화시킨다. 예를 들어 물을 입자나 수증기로 만들어 분사하여 습도를 조절하는 가습기, 피부에서 방출하는 수증기를 흡수하여 응축열을 발생시키는 히트텍 섬유 레이온 등이 있다.

◆ 사례 찾아보기	

37) 발명원리 37: 열팽창(Thermal Expansion)

온도에 따른 팽창과 수축작용을 활용한다. 예를 들어 물이 끓는 것을 알려주는 휘슬 주전자, 밥이 되어가는 것을 알려주는 압력밥솥 등이 있다.

◆ 사례 찾아보기	

38) 발명원리 38: 활성화(Boosted Interaction)

긍정적인 요소를 도입하거나 작용을 활발하게 만든다. 예를 들어 조직의 동기부여를 위해 인센티브, 포상휴가, 특별보너스를 도입하거나 더 많은 고객들의 관심을 유도하기 위한 다양한 경품행사 등이 있다.

◆ 사례 찾아보기	

39) 발명원리 39: 비활성화(Inert Environment)

정상적 환경을 불활성으로 바꾼다. 예를 들어 특정시간에만 차가 다닐 수 없는 거리로 지정하는 차 없는 거리, 수업으로 활발하던 학교를 조용하게 만드는 방학 등이 있다.

◆ 사례 찾아보기	

40) 발명원리 40: 복합재료(Composite Materials)

여러 요소를 융합하여 복합재료로 만든다. 예를 들어 다양한 재료를 비벼서 먹는 비빔밥, 다양한 제품이나 서비스가 융합되는 현상을 일컫는 컨버전스 등이 있다.

◆ 사례 찾아보기	

발명원리 퀴즈

(1) 꼼짝 말고 손들어
(2) 입 닫고 밥 먹어
(3) 조용히 얘기해
(4) 없는 사람 손들어
(5) 천천히 뛰어와
(6) 소리 없는 아우성

- 다음 중 가장 어이가 없는 말은 무엇인지를 설명하라.
- 각각의 말이 제대로 되도록 발명원리를 적용하여 수정하라.

풀이

7.2 예제 따라가기

예제 비닐테이프 문제

아이디어명	적용원리
Clear Line Box Tape[47]	공간 분리/분할
아이디어 그림	**아이디어 설명**
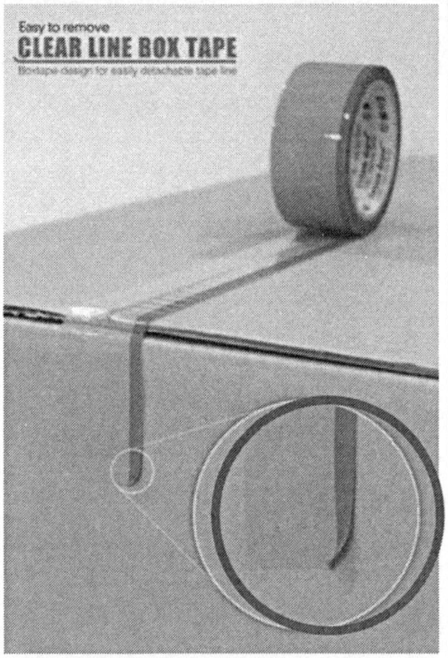	• 플라스틱 비닐로 만들어짐 • 비닐 전체 중 노란색 부분의 밑면은 접착제로 덮여있지만 빨간색 부분의 밑면은 접착제가 없음
예상되는 장점	**예상되는 단점**
• 빨간색 부분은 끈적임이 없어 쉽게 들어 올려 떼어낼 수 있음 • 재사용을 위한 상자를 복원하기 위해 테이프를 완전히 제거할 수 있음	• 추가 비용 발생으로 가격 상승 예상
추가 의견	

47) https://www.trendhunter.com/trends/clear-line-box-tape

기본실습문제 **행사 텐트 쓰레기 문제**

야외에서 벌어지는 각종 페스티벌이나 이벤트 행사가 끝난 뒤 사람들이 떠난 자리에는 수천 개의 텐트가 버려진다. 전 세계적으로 이렇게 한 번 사용하고 버려지는 '팝업 텐트'가 매년 1천만 개 이상 된다고 한다. 대부분 비닐과 플라스틱으로 만들어져 재활용도 어렵다고 한다.[48)]

- **발명원리를 적용하여 문제를 해결하는 아이디어들을 생각해보자.**

풀이

48) http://www.ttimes.co.kr/view.html?no=2018053117427750044

기본실습문제 보내는 택배 문제

국내 택배시장이 엄청 커지고 있다. 시장이 커진 만큼 여러 가지 소비자 불만도 크다. 그중에서 분실에 대한 문제가 발생한다. 택배를 배송받을 때도 분실위험이 크지만 택배를 배송하려고 할 때도 고민이다. 택배를 배송하려고 택배를 부르면 언제 올지 몰라 답답하다. 또한 서로 시간이 맞지 않으면 현관문 앞에 놓으라 하는데 혹시 물건이 분실될까봐 걱정된다. 이런 걱정을 해소하려면 택배 배송하는 곳으로 물건을 직접 가지고 가야 한다.

• 발명원리를 적용하여 아이디어들을 생각해보자.

풀이

문제를 해결할 시간이 1시간 있고 그 해결책에 내 인생이 달려 있다면,
나는 우선 어떤 질문을 제기하는 것이 적절한지 판단하는 데 55분을 쓸 것이다.
일단 적절한 질문을 알기만 한다면 문제해결에는 5분도 걸리지 않기 때문이다.

– 알버트 아인슈타인 –

CHAPTER

08

심화과정

Chapter

< 08 >

심화과정

탁월한 성취를 이룬 사람들에게는 한 가지 공통점이 있다고 한다. 문제에 접근하고 해결하는 방식은 서로 달랐지만, 자신을 객관적으로 정확하게 인식하고 있다는 점이다. 자신의 한계와 무지를 파악하고 자신의 능력을 잘 활용한다는 것이다. 이것이 최근 주목받고 있는 메타인지능력이다. 인지의 계기판이라고 불리며 생각의 방향과 속도를 조절해준다.

최근 한류로 인해 K-문화의 한 종류인 해녀에 대한 관심이 높아졌다. 유네스코 세계문화유산으로도 지정되어 제주도에 해녀학교가 생겼다. 일반인도 가서 교육을 받을 수 있는데, 제일 먼저 가르치는 것은 수영, 잠수, 채취 기술이 아니다. 자신의 숨길이를 아는 것이다. 자신의 능력과 한계가 무엇인지 알게 하는 것이다. 해녀는 잠수하는 깊이와 작업시간에 따라 상중하로 나뉘어 물질을 한다고 한다. 전복같이 값이 나가는 해산물을 채취하려면 깊이 들어가야 한다. 그러나 해녀 경력이 쌓이고 노력한다고 해서 하군 해녀가 상군 해녀가 되지는 않는다고 한다. 타고난 숨길이에 맞게 물질을 잘 하도록 교육한다고 한다.[49] 숨길이는 타고나기 때문이다.

창의성도 마찬가지이다. 차이는 있지만 사람마다 창의성은 타고난다. 다만 잠재된 창의성을 잘 발현하도록 상황과 환경을 활용하는 것이 중요하다. 트리즈는 문제 속에 잠재된 모순과 자원을 활용하여 창의적인 아이디어로 유도한다.

트리즈는 [그림 29]와 같이 3가지 개념이 깊은 연관이 있다. 물리적 모순은

49) 메타인지의 힘, 구본권, 어크로스, 2023

문제 상황 속의 자원의 특성 간에 발생하는 개념이고, 이를 극복하는 해결안의 이상성도 자원에 달려있다. 따라서 1장 [그림 3]에서 언급했던 9개의 점 문제처럼 자원의 활용 수준에 따라 해결안의 창의성 수준이 달라진다.

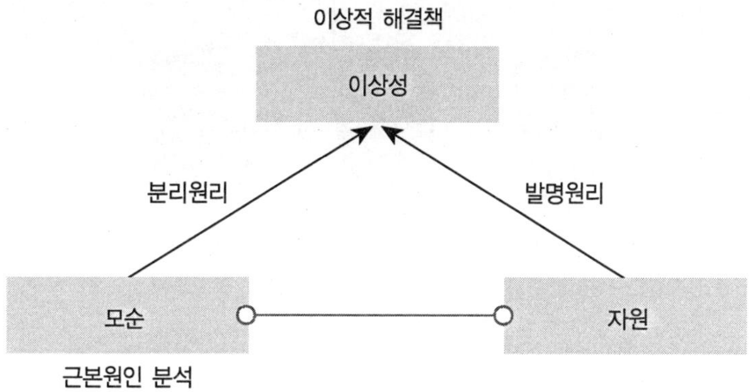

그림 29 ▌ 모순, 이상성, 자원 간의 관계

8.1 자원 분석

실행 해결안의 이상성을 높이기 위해서는 해결안에 사용될 자원을 잘 선택해야 한다. 다음 사례를 통해 자원 분석에 대해 설명한다.

[사례]

어떤 사람이 새 집에 이사를 왔다. [그림 30]처럼 3층 다락방에 3개 백열전구가 있고 그 스위치는 1층에 있다. 어느 전구와 어느 스위치가 서로 연결되어 있는지를 파악해서 스위치 위에 써놓으려고 한다. 그런데 1층에서 3층을 직접 확인할 수 없어서 매번 스위치를 켜고 3층에 올라가 확인해야 한다. 3층에 오르락내리락하기가 힘들어서 올라가는 횟수를 최소화하려고 한다. 어떻게 하면 좋을까?

그림 30 ‖ 3층 전구 스위치 문제

[풀이]

가장 단순한 방법은 한 번에 하나의 스위치를 켜고 3층에 올라가 확인하는 것이다. 그러면 3번을 왕복하며 확인할 수 있다. 3번의 왕복을 하지 않고 확인하려면 자원의 특성을 잘 파악해서 활용해야만 한다. 먼저 주어진 문제에서 활용할 수 있는 자원을 파악해보자. 백열전구와 스위치, 2가지뿐이다. 그 외 자원을 사용한다면 추가적인 비용이 발생하기 때문에 이상성이 떨어진다. 예를 들어 누군가에게 도움을 요청하면 그 사람에 대한 비용(돈, 시간, 에너지 등)이 발생한다. 따라서 외부 자원을 도입하지 않고 내부 자원을 활용해야 한다.

개인적인 방안은 다음과 같다. 2개의 스위치를 켰다가 조금 후에 1개의 스위치만 끄고 바로 3층에 올라가 전구의 상태를 확인한다. 현재 켜진 전구는 지금 켠 스위치와 연결된 것이고, 꺼져 있는 2개의 전구 중 손으로 만져서 열이 느껴지는 전구는 올라오기 전 끈 스위치와 연결된 것이다. 나머지 1개의 전구와 남은 스위치가 연결된 것이다. 1번의 왕복으로 3개의 전구와 스위치의 연결 상태를 확인하였다.

백열전구의 특성의 하나인 전구의 열을 이용한다. 백열전구는 전원이 들어오면 열이 발생한다. 내부자원(전구와 스위치)의 특성을 잘 파악하여 문제해결에 활용해야 창의적인 아이디어가 나온다.

8.2 자원 활용

트리즈에서 자원은 모든 활용 가능한 것을 말한다. 자원을 분류하면 〈표 10〉과 같다.[50)]

▌표 10 ▌자원의 종류

자원	내용
물질	문제를 구성하는 물질적 요소를 말하여 사용가치가 없어 보이는 폐기물까지도 포함한다.
공간	문제를 구성하는 공간과 그 주변에 있는 비 점유공간도 포함한다.
시간	문제가 발생하는 시간뿐만 아니라 발생 전과 후의 사용되고 있지 않은 시간과 발생과정상에 남은 시간 등도 포함한다.
장	문제 속뿐만 아니라 문제 밖의 환경에서 사용 가능한 모든 종류의 에너지, 힘, 작용 등이 포함된다. 구체적으로 기계장, 화학장, 전기장, 자력장, 전자력장 등이 있다.
정보	인간의 오감을 통해 파악할 수 있는 모든 정보(예를 들어 열, 변색, 냄새, 유익한 또는 유해한 현상 및 보유하고 있는 노하우) 등이 포함된다.
기능	작용이 일어나는 본래의 기능과 그 외에 파생된 기능 등을 모두 포함한다.

이런 다양한 종류의 자원을 문제를 해결하는 동안 선택하여 사용한다. 그런데 어떤 순서로 사용하면 이상성이 높아질까? 2장의 2.2절 자원 활용에서 설명했던 비용이 발생하지 않는 순서로 접근하면 좋다.

① 내부 자원 중에 부수적인 자원들(특히 폐자원들)

② 기존의 내부 자원

③ 외부에서 쉽게 획득 가능한 외부 환경(공기, 바람, 물 등)

④ 외부 자원

자원 활용을 잘한 대표적인 현업 사례가 충남 서산지구 간척사업이다. 간척

---

50) 창의적 문제해결 이론과 사례 TRIZ Level 1, (사)한국트리즈협회, GS인터비전, 2021

사업은 국토를 확장하여 농지조성을 하고, 이 농지를 통해 식량 증산 및 소득 증대를 하기 위한 사업이다. 현대건설이 1980년 5월 공사에 착공하여 1995년 8월 완공하였다. 그런데 공사 지역은 규모가 커 방조제 완성에 어려움이 있었다. 총길이 7,686m 방조제를 축조해 간척지를 조성하는 대규모 공사였다. 물막이공사는 양쪽에서 쌓아온 방조제에 흙이나 돌을 부어 물길을 차단하는 마지막 공사이다. 하지만 270m 구간에서 초당 8.2m에 달하는 빠른 유속으로 아무리 많은 흙과 바위를 쏟아부어도 바닷물에 쓸려내려가 버렸다. 이런 악조건 속에서도 [그림 31]에서 보는 바와 같이 '폐유조선'이라는 자원을 이용하여 물의 흐름을 차단하였다.[51]

그림 31 ▌서산 간척사업 사례(사진 출처: 파이낸셜 뉴스)

51) https://www.fnnews.com/news/200307150948517534

8.3 현업 사례

전 세계가 코로나19(COVID-19)라는 팬데믹(Pandemic)을 맞은 지 4년이 넘었다. 여전히 코로나19 변이가 진행 중인 가운데 위드코로나(With Corona) 시대로 진입했다. 우리나라는 매우 성공적인 초기 대응으로 코로나 팬데믹 위기를 슬기롭게 극복했다. 그 성공의 요인 중에 하나가 K-방역이다. 코로나19 발생 초기에 백신과 치료제가 없었기에 초기 대응을 어떻게 하느냐에 따라 한국 경제에 큰 영향을 미쳤다. 보건과 경제 중 한 가지라도 포기하기 힘든 상황에서 창의적인 선별진료소 운영으로 세계가 인정하는 대응체계를 갖추게 되었다.[52)]

2020년 1월에 첫 번째 국내 확진자가 발생한 직후, 중국발 입국자를 차단할 것인지 말 것인지에 대해 논란이 많았다. 하지만 정부는 보건과 경제를 동시에 달성하는 해결안을 제시했다. 국내 전역에 선별진료소를 운영하여 중국발 국내 입국을 허용하면서 동시에 감염확산을 방지하도록 조치했다. 이를 모순모형으로 도식화하면 [그림 32]와 같이 설명할 수 있다.

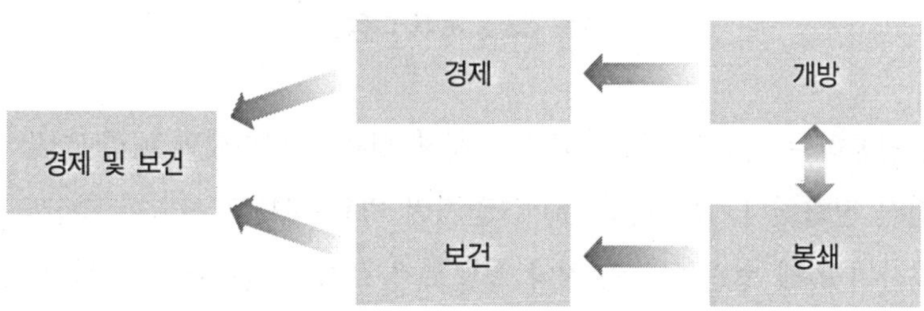

그림 32 ▌코로나19 대응정책의 모순

중국과 교역이 많은 우리나라 입장에서는 경제 측면에서는 개방해야 하지만 중국발 입국자로 인한 전염 확산 방지를 위해서는 봉쇄를 해야 하는 딜레마에 놓였다. 이를 극복하기 위해서는 개방하면서도 전염을 방지하는 이상적인 해

---

52) "트리즈로 분석한 코로나19 대응 선별진료소의 진화", 송창룡, 한국산업경영시스템학회지, Vol.45, No.3, pp.139~149

결안이 필요했다. 이 모순을 극복하기 위해서 4가지 분리원리 중에 조건분리를 적용하여 코로나19 검사를 통해 확진자를 별도의 공간에 격리하는 방안을 실행했다. 구체적인 실행 해결안으로 40가지 발명원리 중에 중간 매개체를 적용하여 [그림 33]과 같이 선별진료소(Screening Center)를 설치하여 감염자와 비감염자를 분리함으로써 감염확산 방지와 경제활동의 2가지 목표를 달성했다.

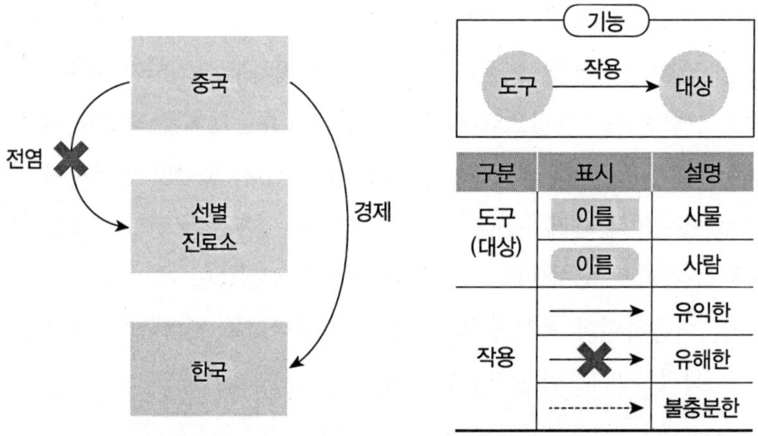

그림 33 ▌ 초기 대응

이때 활용하는 자원인 선별진료소가 문제 상황이 변화함에 따라 [그림 34]와 같이 점점 진화했다. 초기에는 (a) 그림처럼 병원 내부로 감염이 확산되는 것을 방지하기 위해 병원 외부의 천막 형태로 진료소를 설치했다. 그런데 선별진료소로 모여드는 감염 의심자 간에 감염되는 경우가 발생하면서 의심자 간에 교차 감염을 방지할 방안이 필요했다. 이에 (b)처럼 자동차라는 외부 자원을 활용하여 의심자 간뿐 아니라 의심자와 의료진 간에도 차단했다. 세계 최초로 드라이브스루 선별진료소가 탄생한 것이다. 감염 방지는 물론 검사 속도도 향상되어 세계에서 주목받았다. 하지만 여전히 문제점은 발생되었다. 자동차를 이용한다고 해도 차창을 여는 순간 의료진과 의심자 간에 전염이 일어날 수 있고, 개인보호구를 착용한 의료진은 상당한 시간과 노력을 들여 소독과 환기

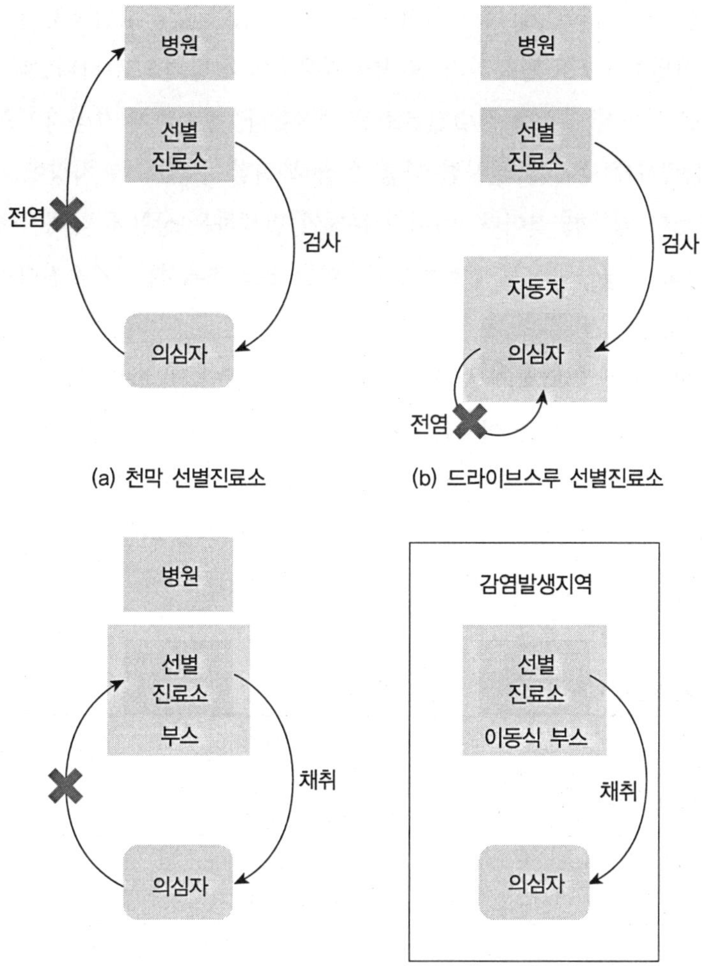

(a) 천막 선별진료소 (b) 드라이브스루 선별진료소

(c) 워크스루 선별진료소 (d) 이동식 선별진료소

그림 34 ▌ 선별진료소의 진화

를 해야 하기에 의료진 입장에서는 큰 고역일 수밖에 없었다. 또한 드라이브스루 방식은 차로 이동하기에 충분한 공간이 필요했기 때문에 공간 제약이 컸다. 이에 (c)처럼 선별진료소를 천막 대신에 부스 형태로 제작하여 의심자와 의료진 간에 전염을 완벽 차단했다. 또한 대규모 검사를 통해 전국 확산 방지는 가능해졌다. 그런데 선별진료소로 직접 방문하기 어려운 경우가 남아있었다.

학교, 요양기관, 종교단체 등 지역적으로 소규모 집단 감염이 발생하여 의심자가 직접 선별진료소로 방문하기 곤란한 경우들이 산발적으로 나타났다. 그래서 (d)처럼 이동식 부스형 선별진료소를 제작했다. 신속하게 감염지역으로 이동하여 신속하게 검사를 실시한 다음 원상 복귀할 수 있도록 차량에 부스형 선별진료소를 결합한 것이다. 이처럼 문제가 발생하는 상황에 맞게 선별진료소를 개량하고 운영방식도 진화하였다. 이를 트리즈에서는 '기술진화법칙'이라고 정의하였다.

기술진화법칙을 간단하게 소개하면 〈표 11〉과 같다.[53] 자원의 활용이 시스템 진화에 어떻게 영향을 미치는지에 따라 8가지로 구분하여 정리하였다. 트리즈는 자원의 활용이란 관점에서 물질-장 모델을 만들었고, 이를 바탕으로 76가지 표준해를 만들었으며 이를 통해 기술진화법칙을 다듬었다. 이에 대한 자세한 내용은 트리즈 전문서적을 참고하기 바란다.

▌표 11 ▌기술진화법칙

법칙	내용
시스템 완전성 법칙	시스템을 구성하는 엔진, 트랜스미션, 조작도구, 제어장치의 4가지 요소가 완벽히 갖춰질 때까지 발전한다.
에너지 전도성 법칙	구성요소 간의 에너지 흐름은 원활해야 한다.
조화의 법칙	구성요소 간에 조화가 있어야 한다.
이상성 증가 법칙	모든 기술시스템은 이상적인 시스템을 추구하는 방향으로 발전한다.
시스템 불균일성 법칙	각 시스템 구성요소는 서로 다른 속도로 진화한다. 각 요소의 발달 정도가 불균일하여 모순이 생긴다.
상위 시스템으로 이동 법칙	기술이 일정한 한계에 도달하면 상위 시스템으로 진화한다. 점이 선이 되고, 선이 면이 되고, 면이 입체가 되는 방향으로 움직인다. 또한 시스템 자체가 사라지고 시스템의 기능이 상위 시스템에 흡수된다.
미시적 수준으로 이동 법칙	시스템은 거시적 수준에서 미시적 수준으로 진화한다. 기능을 제공하기 위해 개별 시스템의 크기가 줄어들면서 더 많은 기능이 통합된다.
조정성 증가 법칙	기술 시스템은 물질-장을 증가시켜 통제력을 높인다. 즉 제어하기 쉬운 방식으로 새로운 상호작용을 추가하거나 새로운 물질을 추가한다.

53) 생각의 창의성 TRIZ, 김효준 등 저, 지혜, 2004

기본실습문제 어묵 국물 문제

추운 겨울만 되면 뜨끈하고 구수한 어묵 국물이 생각난다. 따끈한 국물 한입이면 얼어붙었던 몸도 녹는다. 그런데 막상 먹고 싶을 땐 길거리 포장마차가 쉽게 눈에 띄지 않고 직접 해먹기에는 귀찮고 번거롭다.

• 자원 활용 및 발명원리를 활용하여 문제를 해결하라.

풀이

기본실습문제 공연장 스마트폰 문제

콘서트 공연장에서 스마트폰은 골칫거리이다. 관객 모두가 스마트폰을 치켜 올리는 바람에 공연을 제대로 감상할 수 없고 공연은 통째로 녹화되고 유포되어 가수들은 손해를 본다. 그렇다고 레스토랑에서 외투를 맡기듯 공연장 입장 때 스마트폰을 죄다 수거할 수도 없는 노릇이다.

- 자원 활용 및 발명원리를 활용하여 문제를 해결하라.

풀이

CHAPTER

09

Simple TRIZ 절차에 따른 적용사례

Chapter

< 09 >

Simple TRIZ 절차에 따른 적용사례

전체적인 문제해결의 흐름을 이해하는 데 도움이 되도록 한 가지 사례 '화장실 문제'를 중심으로 Simple TRIZ 절차에 따라 각 세부단계에서 사용된 개념과 도구를 살펴보기로 하자.

심화실습문제 **화장실문제**

[외부인 사용 금지]

카페 손님을 위한 공간입니다.
몰래 볼일만 보고 가시는
외부인은 사용을 금지합니다.

[경고]

몰래 볼일만 보지 마시고
에메리카노 한잔 사는 것은 어떠세요.
외부인 사용으로 변기가 막힐 시
그동안의 수리비 및 손해배상을 청구합니다.
이 점 양해를 부탁드립니다.

위 내용은 서울 시내 카페의 화장실 문에 붙어있는 경고문이다. 음료는 주문하지 않고 화장실만 몰래 쓰고 나가는 일명 '화장실 도둑' 때문이다. 화장실에서 머리를 감거나 술 먹고 자는 사람도 있다고 한다. 특히 촛불 집회가 한참이던 2017년 서울 종로와 광화문 일대의 카페나 건물 화장실들은 계속된 주말 집회 때마다 몸살을 앓았다. 한 카페 주인은 자꾸 "화장실 좀 쓰자"며 들락거리는 행인들 때문에 손님들의 항의가 많았다고 토로하기도 했다.

카페 화장실을 이용하는 행인들도 할 말은 있다. 정말 급할 때 지하철 화장실이나 공중 화장실을 가보면 더러워서 비위가 상한다고 한다. 아무래도 공중 화장실보다 카페 화장실은 수시로 점검을 하니 더 청결해서 어쩔 수 없이 카페 화장실을 이용할 수밖에 없다.

청결문제 외에도 안전문제도 있다. 2016년 5월 '강남역 살인사건' 이후 공중 화장실에 대한 안전이 도마에 올라서 카페 화장실에 대한 선호도가 더욱 높아졌다. 아무래도 공중 화장실보다 카페 화장실은 카페에 사람이 상주하니 조금 더 안전하다고 생각하는 모양이다.

• 이 문제를 어떻게 해결할 것인가?

9.1 문제 발견

문제를 발견하는 단계는 문제와 관련된 모든 정보를 수집하고 KT 분석법에 따라 체계적으로 분류한다. 문제를 효과적으로 파악하기 위해서는 일단 원하지 않는 결과, 즉 문제가 발생하는 상황이 누구의 문제인지를 먼저 파악해야 한다. 특히 비즈니스 문제일 경우에는 사람이 상품(제품이나 서비스)의 기능을 사용하는 상황에서 사람이 원하지 않는 결과가 발생하므로 누구의 문제인지를 찾는 것이 이후 문제해결절차를 적용하는 데 매우 중요하다. 또한 해결의 방향뿐만 아니라 구체적인 해결 아이디어도 달라진다. 따라서 고객의 관점에서 어떤 문제가 발생하는지를 구체적으로 파악해야 한다.

문제를 겪는 주체(사람)와 행동, 주체와 관련된 사물(상품이나 서비스)과 상태, 그리고 사람과 사물 사이에 작용하는 상황을 시간, 장소, 주변 환경이 상세하게 드러나게 파악해야만 한다. 다음으로 구체적으로 드러난 문제 상황을 핵심만을 골라 하나의 문장으로 기술한다. 이때 어떤 사실을 구체적으로 표현할 때 사실로 드러난 내용만으로 분석해야 한다. 추상적인 단어보다는 구체적이고 명확한 단어를 사용하여 기술하는 것이 매우 중요하다.

비즈니스 문제는 사람을 중심으로 문제 상황을 파악하면 크게 2가지 경우로 요약된다. 첫 번째는 고객이 원하는 상황에 도달하기 위해 수행하는 행동이 무엇인가에 의해 방해를 받아 충분히 수행하지 못하는 경우이다. 이는 반드시 이루어져야 하는 행동이 어떤 장애로 인해 충분히 이루어지지 않아 사람이 불편함을 느끼는 현상을 말한다. 예를 들어 잠을 자야 하는데 내일 제출할 숙제 때문에 잠을 충분히 자지 못하는 경우이다. 두 번째는 무엇인가가 고객을 불편하게 만든 경우이다. 이는 고객의 외부로부터 유해한 작용이 발생하여 고객이 불편함을 느끼는 현상이다. 예를 들면 사람이 유리문을 열려고 하는데 손가락이 끼어 사람이 다치는 사고가 발생하는 경우이다. 사람이 유리문에 의해 다치는 원하지 않는 결과가 발생하는 상황이다.

Step 1 문제 발견

• 먼저 수집한 정보를 토대로 문제 상황을 KT 분석법에 따라 구체적으로 기술한다.

차원	질문	구체적인 내용
누가(Who)	누구에게 문제가 발생했나?	행인
언제(When)	언제 발생했나?	화장실이 급할 때
어디서(Where)	어디서 발생했나?	거리에서
무엇(What)	무엇이 불편했나?	깨끗하고 안전한 화장실을 사용하지 못함

• 다음으로 문제 상황에 대해 핵심 내용만을 한 문장으로 기술한다.
  – 행인이 깨끗하고 안전한 화장실을 사용하지 못한다.
  (※ 행인이 원하는 화장실 사용이 충분히 이루어지지 않는 상황이다.)

9.2 근본원인 분석

근본원인 분석은 원하지 않는 결과, 즉 문제 상황을 발생시키는 원인들을 인과관계로 분석하여 로직트리(Logic Tree)의 형태로 표현하는 과정이다. 이를 통해 문제 상황을 원인과 결과의 관계를 논리적으로 이해하고 근본원인이 되는 요인을 발견하고 핵심모순을 파악할 수 있다. 이번 근본원인 분석 단계에서는 앞서 KT 분석법으로 파악한 문제 상황에서 Why 관점으로 로직트리를 그려나간다. 로직트리를 이용하여 근본원인 분석을 하는 자세한 절차는 4장을 참고한다.

로직트리 최상위에 원하지 않는 결과, 즉 문제 상황을 기술한 한 문장은 "행인이 깨끗하고 안전한 화장실을 사용하지 못한다."로 기술하였다. 이에 대한 1차 원인들을 나열한 후에 "깨끗하고 안전한 화장실이 잠겨있기 때문이다."와 "열려있는 화장실은 더럽기 때문이다."로 파악되었다. 1차 원인들 중 깨끗하고 안전한 화장실이 잠겨있는 이유는 “화장실이 더러워지는 것을 방지하기 위해서”라는 긍정적인 이유가 파악되어서 여기서 중단한다. 또 다른 이유인 열려있는 화장실이 더러운 원인은 많은 행인이 사용하기 때문과 화장실을 자주 청소하지 못하기 때문이라는 2가지 부정적인 이유가 파악되었다. 많은 행인이 화장실을 사용하는 원인은 깨끗한 위생을 위해서라는 긍정적인 목적이 파악되었고 화장실을 자주 청소하지 못하는 이유는 화장실 비용을 절감하기 위해서라는 긍정적인 목적이 파악되었다.

Step 2 근본원인 분석

• 로직트리를 사용하여 근본원인을 분석한다.

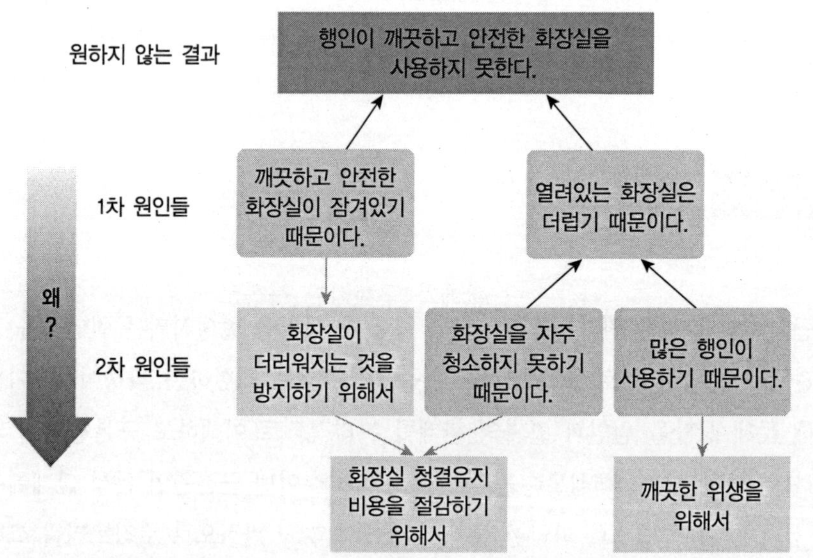

[TIP] 하위 원인들을 파악하는 깊이는 ‘왜’라는 질문을 보통 5번 정도 던지는데 도중에 ‘~하기 위해서’라는 긍정적인 이유가 도출될 때 멈춘다.

9.3 모순 분석

모순 분석 단계는 2단계 근본원인 분석에서 선정된 한 가지 근본원인에 포함된 모순 상황을 도식화 모형을 활용하여 표현한다. 본 예제의 2단계 근본원인 분석에서 행인이 깨끗하고 안전한 화장실을 사용하지 못하는 한 가지 근본원인으로 "깨끗하고 안전한 화장실은 잠겨있기 때문이다."를 선정했다고 가정하자.

화장실을 관리하는 사람의 입장에서 화장실을 깨끗하게 유지하는 것은 중요한 일일 것이다. 만약 화장실을 깨끗하게 유지하려면 어떻게(How) 해야 하는가?라고 질문한다면 여러 방법들 중에 화장실을 자주 청소하는 수고를 덜면서 깨끗하게 유지하는 가장 간단한 방법으로 "화장실을 잠그면 된다."라고 대답할 것이다. 이와 반대로 화장실을 왜(Why) 잠가야 하는가?라고 질문하면 화장실을 잠가야 하는 이유는 화장실을 깨끗하게 유지하기 위해서라고 대답한다. 즉 화장실을 깨끗하게 유지하는 목적을 위해서 도입한 수단(방법)으로 화장실을 잠그는 것이고 화장실을 잠그면 화장실이 깨끗해지는 결과를 이끌어낸다. 원인과 결과 또는 목적과 수단 관계가 구체적인 사실로 연결된다.

화장실을 깨끗하게 유지하는 화장실문제에서 화장실을 잠근다고 문제가 다 해결되지는 않는다. 막상 화장실을 이용하고자 하는 사람이 화장실을 이용하지 못하는 부정적인 결과를 초래한다. 여기서 화장실을 잠그는 것은 충분조건이고, 화장실이 깨끗해지는 것과 화장실을 이용하지 못하는 것은 필요조건이 된다.

행인이 화장실을 이용하지 못하는 부정적인 결과를 해결하려면 긍정적인 결과로 바꾸면 된다. 행인이 화장실을 이용하려면 화장실을 열자라는 방안이 나온다. 화장실을 열면 행인이 화장실을 이용할 수 있지만 화장실이 더러워진다. 화장실을 잠그면 화장실을 이용하지 못하고 화장실을 열면 화장실이 더러워지는 문제가 생긴다. 화장실을 이용하려면 화장실은 열려있어야 하고 화장실 청결유지비용을 절감하려면 화장실은 잠겨야 한다는 상충관계가 발생한다. 화장실은 열려있어야 하고 잠겨있어야 한다는 모순 때문에 문제해결이 어려워진다.

Step 3 모순 분석

1 아래 모형의 ① 칸에 원하지 않는 결과, 즉 문제 상황을 한 문장으로 기술한다.

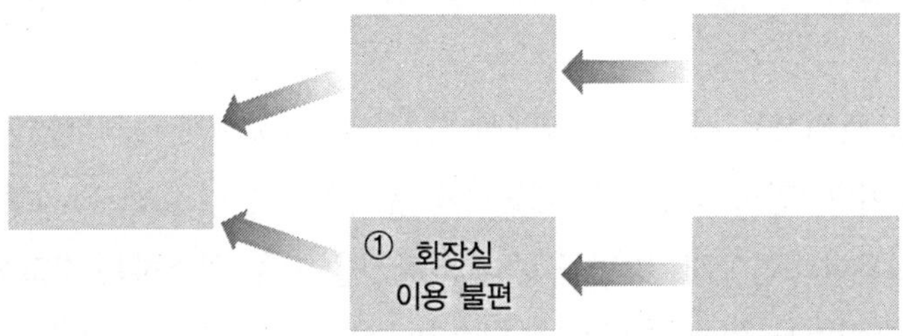

2 아래 모형의 ② 칸에 근본원인 분석에서 선정한 하나의 근본원인을 기술한다.

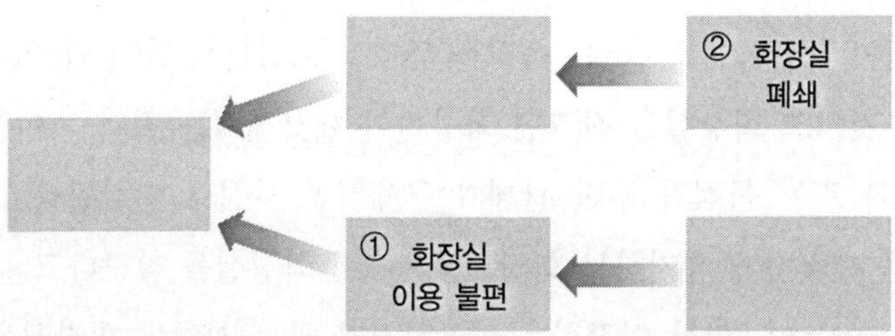

3 아래 모형의 ③ 칸에 ② 원인의 긍정적인 목적(이유)을 기술한다.

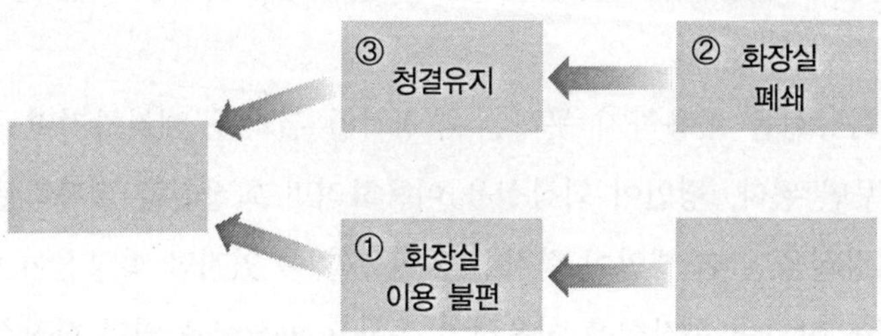

4 아래 모형의 ④ 칸에 1번에서 적은 내용의 반대, 즉 원하는 결과를 기술한다.

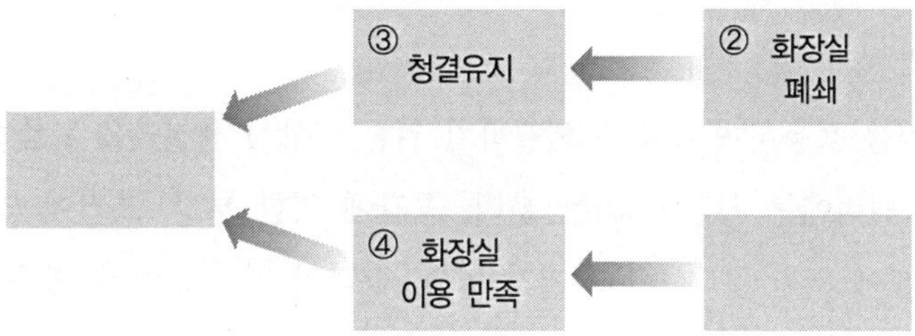

5 아래 모형의 ⑤ 칸에 ④를 위한 수단을 기술한다. 이때 ⑤는 앞의 ②와 반대되는 내용을 적는다.

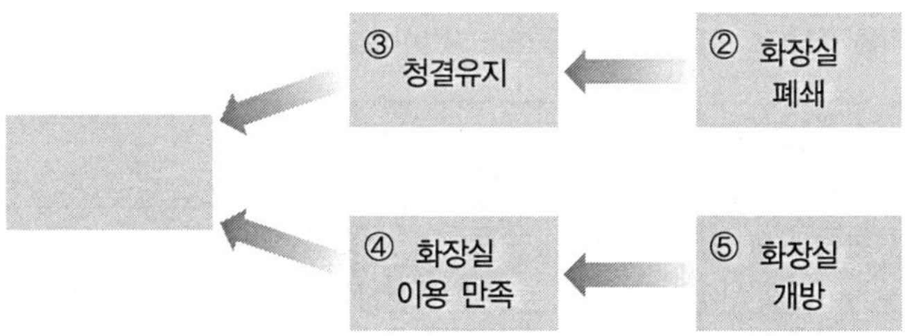

6 아래 모형 ⑥ 칸에 ③과 ④를 모두 달성한 공동의 목표를 기술한다.

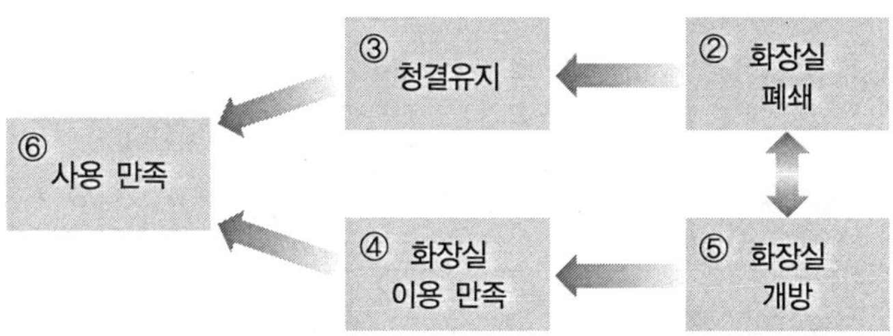

카페 주인이 카페 화장실을 청결하게 유지하기 위해서는 화장실을 폐쇄해야 하고, 행인이 카페 화장실을 만족스럽게 이용하기 위해서는 화장실을 개방해야 한다. 청결유지와 화장실 이용 만족 사이에는 기술적 모순이 존재하고, 화장실을 개방하고 폐쇄해야 하는 특성 사이에는 물리적 모순이 존재한다.

9.4 이상적 해결안 도출

분리원리를 적용하여 모순을 해결하기 위한 이상적 해결안을 도출하는 단계이다. 분리원리에는 시간에 의한 분리, 공간에 의한 분리, 조건에 의한 분리, 전체와 부분에 의한 분리 등 4가지가 있다. 각각의 원리에 따라 요구조건을 분리하여 만족시킬 수 있는 아이디어를 기술한다.

Step 4 이상적 해결안 도출

• 분리원리를 적용하여 모순을 해결하는 아이디어를 기술한다.

이상적 해결안	화장실을 이용하려면 화장실은 열려있어야 하고 화장실 청결유지비용을 절감하려면 화장실은 잠겨있어야 한다.		
화장실 개폐 여부	화장실 청결유지비용을 절감하기 위해서	행인이 화장실을 이용하기 위해서	해결 방향
	화장실 폐쇄	화장실 개방	
시간	더럽게 이용할 행인에게는 폐쇄한다.	손님이 이용하는 시간에는 개방한다.	손님이 이용하는 시간에만 개방하고 이 외의 시간에는 폐쇄한다.
공간	손님이 이용하는 화장실은 행인에게 폐쇄한다.	행인이 이용하는 화장실 공간만 개방한다.	손님과 행인이 이용하는 화장실 공간을 분리한다.
조건	화장실을 더럽게 사용하는 경우에는 폐쇄한다.	화장실을 깨끗하게 사용하는 경우에는 개방한다.	이용요금을 지불한 행인에게만 개방한다.
전체와 부분	평상시에는 폐쇄했다가 필요시에만 개방한다.	평상시에는 개방했다가 필요시에만 폐쇄한다.	평상시에는 폐쇄했다가 특수한 경우에만 개방한다.

9.5 실행 해결안 도출

도출된 다양한 아이디어들에 대해 구체적으로 기술하는 단계이다. 이때 필요하다면 발명원리를 적용하여 아이디어를 구현할 때 필요한 기술이나 원리, 또는 유사 비즈니스 모델 등도 기술하면 좋다. 또한 아이디어를 적용했을 때 기대되는 효과도 기술하면 좋지만 더 중요한 부분은 예상되는 부작용이나 단점 등도 반드시 기술해야만 한다. 이는 아이디어를 개선할 때 반영되어야 할 부분이고 단점을 극복하거나 대비할 방안도 사전에 마련해두어야 하기 때문이다.

Step 5 실행 해결안 도출

• 선정된 아이디어를 그림과 함께 설명을 상세하게 기술한다.

아이디어명	적용원리
개방 화장실 정보 앱[54]	조건 분리/매개체
아이디어 그림	**아이디어 설명**
 **화장실 이용 앱을 만든 굿투고(Good2Go)**	• 사전에 일반 행인에게 화장실을 개방한 카페나 가게와 계약한다. **[일반인 사용방법]** ① 앱을 다운로드한 뒤 이용료를 결제한다. ② 결제를 한 뒤 자신의 위치 GPS를 설정한다. – 사전에 계약한 인근 카페나 가게의 화장실 위치가 나온다. ③ 이용할 화장실을 선택한다. – 자신의 위치에서 목적지까지의 길과 화장실을 이용할 수 있는 QR코드가 발급된다. ④ 이용한다. – 발급된 QR코드를 화장실 입구 장치에 스캔하면 화장실을 이용할 수 있다.
예상되는 장점	**예상되는 단점**
[계약한 카페나 가게 입장] • 회사에서 화장실 보수 공사 • 회사에서 QR코드 시스템 설치 • 화장실 청결유지를 회사에서 대신 해줌 • 화장실 이용료 추가 수입 • 화장실 이용 손님들 추가 구매 수입 **[화장실 이용 손님 입장]** • 깨끗한 화장실 이용 • 낯선 지역에서 화장실 정보획득 편이성	• 이용료 책정 • 화장실 청결유지 • 앱 개발 • 한 사람 몫으로 여러 명이 사용 시 발생할 청결문제
추가 의견	
• 최대한 화장실을 개방하는 카페나 가게를 확보하는 것이 성공의 요건 • 화장실의 특성상 최대한 청결상태 유지도 중요	

54) http://www.ttimes.co.kr/view.html?no=2017092615337781229

CHAPTER

10

심화실습문제

Chapter

< 10 >

심화실습문제

심화실습문제 #1 노키즈존(No Kids Zone) 문제

[NO KIDS ZONE]

위의 문구는 한 카페에 걸려있는 안내문이다. 심지어 8세 미만의 어린이 손님은 받지 않는다고 노골적으로 표시한 곳도 있다. 음식점이나 카페 등 공공장소에서 예절을 지키지 않는 일부 부모나 아이들 때문에 최근 '노키즈존'을 선언하고 어린이의 출입을 제한하는 카페나 식당들이 늘어나고 있다.

특히 20~30대 젊은 사람들이 많이 모이는 곳에서 많이 생겨나고 있는데 카페에서 공부하는 학생들이 많아지면서 조용한 식당이나 카페를 선호하는 손님들을 위한 공간으로 바뀌고 있는 것이다.

젊은 손님의 입장에서는 아이들을 위한 키즈카페도 많으니 노키즈존도 긍정적으로 생각한다. 카페를 운영하는 주인 입장에서도 가게에 계단이 많아 아이들에게 위험하고 좌식 칸막이 방을 만들거나 스터디 테이블을 설치했는데 이곳에 아이들을 데려와 관리하지 않는 부모들도 있어서 난감했다고 한다. 또한 아이의 기저귀를 카페 테이블 위에서 갈거나 버려야 하는 기저귀를 버젓이 테이블에 두고 가는 문제 등으로 인한 항의가 몇 차례 들어오자 결국 노키즈존을 택할 수밖에 없었다고 했다.

- 이 문제를 어떻게 해결할 것인가?

Step 1 문제 발견

Step 2 근본원인 분석

Step 3 모순 분석

Step 4 이상적 해결안 도출

Step 5 실행 해결안 도출

심화실습문제 #2 오버투어리즘(Overtourism) 문제

'보복 관광' 급증, 몸살 앓는 관광지

세계 각지의 유명 관광지가 '오버투어리즘(수용 가능한 수준을 초과해 관광객이 몰려들면서 주민들의 삶이나 환경이 영향을 받는 현상)'으로 몸살을 앓고 있다.

코로나19 팬데믹에 대한 글로벌 보건 비상사태 종식 선언 이후 처음 맞이하는 여름 휴가철에 그동안 움츠렸던 사람들이 '보복 관광'에 나선 것이다. 과도한 관광객들로 인해 교통체증, 소음공해, 환경오염 등으로 거주민의 일상이 위협받는 현상이 곳곳에서 포착되고 있다. 본격적인 여름 휴가철을 맞이하면서 세계 각국은 관광지와 주민들의 삶을 지키기 위해 다양한 규제를 내걸고 있다.

도시 전체가 유네스코 세계문화유산으로 지정된 인기 관광지, 크로아티아 두브로브니크의 경우 해마다 주민 수 40배에 달하는 150만 명의 관광객이 이곳을 방문한다. 두브로브니크에서는 관광객들의 여행 가방 바퀴가 돌과 자갈로 포장된 길바닥을 손상하고 소음공해가 발생한다며 관광객 여행 가방에 대한 규제가 거론되고 있다.

[출처] 한국강사신문(https://www.lecturernews.com/news/articleView.html?idxno=131529)

- 이 문제를 어떻게 해결할 것인가?

Step 1 문제 발견

Step 2 근본원인 분석

Step 3 모순 분석

Step 4 이상적 해결안 도출

Step 5 실행 해결안 도출

심화실습문제 #3 심야택시 문제

'왜 이렇게 택시를 잡기 어렵지?'

밤만 되면 모든 택시가 약속이라도 한 듯이 택시가 나타나지 않는다. 해마다 승차거부 단속과 홍보활동을 강화하고 심지어 공무원들이 택시를 대신 잡아주는 방안까지 마련했는데 왜 밤마다 택시와의 전쟁을 벌여야 할까?

택시 승차거부가 발생하는 가장 근본적인 원인은 밤이면 택시를 타려는 승객은 많아지는데 운행하는 택시는 급격하게 줄어든다는 것이다. 택시기사들도 보통사람처럼 아침에 출근해서 밤까지 일하고 퇴근하기 때문이다. 특히 개인택시들이 아침 출근 저녁 퇴근 일정에 맞춰 택시를 운행하고 있다. 그래서 밤 9시가 넘으면 운행을 접고 집으로 퇴근하는 기사가 늘어나니 심야에 택시 잡기가 당연히 어려워질 수밖에 없다.

게다가 심야에 타는 손님은 술 취한 승객이 많아서 시비를 걸거나 주정을 부리고 심지어 택시 안에 험한 일을 저지르는 사람도 많아 야간 운행을 꺼린다고 한다. 그리고 돌아오는 길에 빈차로 와야 하는 경우도 많아 사납금 맞추기도 어렵다고 한다. 낮에는 택시가 남아돌아 돈 벌기가 어렵고 밤에는 빈차로 돌아오기 싫어서 승차거부를 하며 손님을 골라 태울 수밖에 없다고 한다.

• 이 문제를 어떻게 해결할 것인가?

Step 1 문제 발견

Step 2 근본원인 분석

Step 3 모순 분석

Step 4 이상적 해결안 도출

Step 5 실행 해결안 도출

사후테스트

- 트리즈를 배운 후 현재 자신의 능력을 검증하기 위한 테스트입니다.

- 2개의 문제가 있습니다.
- 한 문제당 10분의 제한시간을 드립니다.
- 문제를 읽고 해결방안을 자세하게 기술하세요.
- 휴대폰, 인터넷 검색 등 사전조사를 하지 마시고 오롯이 자신의 능력으로 푸세요.

사후테스트

코르크 게시판에 메모지를 고정하려면 압정을 사용하면 된다. 압정은 철제 게시판에는 메모지를 고정하지 못한다. 철제 게시판에 메모지를 고정하려면 자석을 사용하면 된다. 그런데 자석은 코르크 게시판에는 사용하지 못한다. 코르크 게시판과 철제 게시판 모두에 메모지를 고정할 수 있는 방법은 없을까?

풀이

사후테스트

국토의 50%가 해수면보다 낮은 네덜란드. 홍수가 나면 강물의 주기적인 범람으로 강 주변은 물론 다리까지 물에 잠겨 수많은 피해가 되풀이되어 왔다. 강둑을 쌓고 도랑을 파서 물이 범람하는 것을 막아보려 했지만 여의치 않았다.[55] 어떻게 하면 범람을 막을 수 있을까?

풀이

55) http://www.ttimes.co.kr/view.html?no=2018012413407725204

| 저자소개 |

송창룡(한라대학교 문화관광경영학과 교수)

저자는 KAIST에서 산업공학 박사학위를 취득하고 현재 한라대학교 문화관광경영학과에서 창의적 발상과 문제해결, 경영전략, 서비스경영, 비즈니스모델론 등을 가르치며 공학과 관광을 융합한 내용을 설파하고 있다.

2006년에 운명적인 계기로 구본형 변화경영연구소와 인연을 맺어 변화경영에 관심을 갖게 되었고, 2007년부터 변화경영연구원 3기로 활동하면서 모순경영에 대해 본격적으로 연구하여 논문을 발표하고, 트리즈, 프로젝트관리전문가 자격증도 획득했다. 현재 트리즈(TRIZ), 제약이론(Theory of Constraints), 블루오션전략 등 모순경영과 관련된 분야의 이론과 사례를 발굴하고 연구하며 모순경영학자로서 삶을 살아가고 있다. 특히 창의성의 메타인지 학습법, 트리즈 기법을 전파하기 위해 산학연구, 강연 및 저술 등 다양한 분야에서 아이디어 재생에 노력하고 있다.

최근에는 표준화시대에서 개인화시대로 패러다임이 바뀌면서 개인의 행복과 성공을 위한 개개인성(Individuality)에 관심을 갖고 학생들의 취업과 창업을 지원하고 있다. 또한 문화의 힘을 믿으며 지역 문화 및 재생에 관심을 갖고 로컬콘텐츠 크리에이터 양성에도 참여하고 있다. 저서로는 〈프로젝트관리학〉, 〈Simple Service TRIZ〉가 있다.

• 이메일: cysong@halla.ac.kr
• 전　화: 033-760-1295

창의성의 메타인지 학습법 **TRIZ**하다

2023년 10월 1일 1판 1쇄 인쇄
2023년 10월 5일 1판 1쇄 발행

저　자 | 송창룡
발행인 | 이수영
발행처 | 도서출판 **청람**
서울시 마포구 독막로 288(대흥동, 세양상가 109호)
전　화 | 02) 3272-2601~2
팩　스 | 02) 3272-2603
이메일 | crbooks@daum.net
홈페이지 | http://www.crbooks.co.kr
등　록 | 2000년 8월 26일 제6-0509호

ISBN 978-89-5972-987-6 93320 [정가 17,000원]